JN132373

K.G. りぶれっと No. 53

「食」からの気づき
まなびの対話（ダイアログ）

奥野アオイ ［著］

関西学院大学出版会

はじめに

　美味しそうな「食」が目の前にあったら、誰もがしあわせな気持ちになるでしょう。それが二者択一になると、どちらを選ぶか迷ってしまいます。まずは、外見から考えるのではないでしょうか。なぜなら、人間は初めて見るものに対して、外見で判断しがちだからです。私たちは、これまでの経験から見かけに騙されないように警戒しようとします。その次に頼りになる感覚は、嗅覚です。ただし、嗅覚で確認できる場所かどうか、よく周りを観察して実行に移すか判断することにもなります。この間、どちらを食べたいのか、自分の好みかどうかなど、もう頭の中が The「食」でいっぱいになるでしょう。しかし、本当の中身（大切なこと）は、視覚や嗅覚だけではわかりません。

　「食」に限らず、私たちは常に選択を繰り返しながら生活しています。たとえ、当たり前ごととして通り過ぎていても、距離を置いて客観視して考えてみると、1つのモノが二項対立していることに気づきます。さらに調べてみると、そこには異なる考え、背景や思惑があることを発見するでしょう。それらの情報や知識を自分なりに整理し、認識し、判断してから選択することになります。先ほどの「食」の選択、AかBを選ぶ、もしくはC（その他という無限の選択肢）を創案するのか。いつ何をどのようなプロセスで選択するかは私たち次第です。そのなかでも私たちの日常生活に欠かせないのが「食」の選択です。しかし、この選択をおろそかにしていると、「食」の中身がわからないまま味わうことすらしなくなります。

　今世紀に入り、日本の「食」生活は激変しました。いたる所にコンビニエンスストアやファーストフード店があって、24時間、一年中、食べたいときに食べたいモノが手に入るようになりました。近年では、インターネットの普及により、欲しいモノをどこからでも取り寄せることができます。現代を生きる私たちは、自然の恵みで育まれる有機（動植物など生命体に由来）な「食」を、無機（生命体とかかわりのない）なモノとしてコ

ントロールしているように思えます。2020年、新型コロナウィルス感染症（COVID-19）によって物資の制限や外出自粛を余儀なくされ、私たちの当たり前だった生活は一転しました。誰もが予期せぬことを経験したのです。その経験から「食」について立ち止まり、「食」について問い直そうとする人は少なくないでしょう。

　日本の「食」生活には、季節ごとに旬の味があります。また旬の食材は、栄養価も高いです。それらを「食」材にして、人の技で創られる日本料理や和菓子は、まさに「食」の芸術です。2013年、和食は日本人の伝統的な食文化としてユネスコ無形文化財に登録されました。では、一体、何が世界的に評価されたのでしょうか。和食は下記の4つの特徴が構成されていることで認められました。

　　　（1）多様で新鮮な食材とその持ち味の尊重
　　　（2）健康的な食生活を支える栄養バランス
　　　（3）自然の美しさや季節の移ろいの表現
　　　（4）正月などの年中行事との密接なかかわり

　みなさんの「食」生活と比較して、これらの特徴はどのぐらい含まれていますか。グローバルフードを謳歌する私たちの現代「食」事情が、外の世界から伝統的な食文化として絶賛されるに値するのか疑問です。私たちにとって当たり前の和「食」を客観視してみると、伝統食であることを通り越して食材そのものがエキゾチックに見えてきます。

　日本国内では、今世紀に入る前から少子高齢化に加えて、飽食が社会的な問題になり、「食」に関して新しい法律が制定されました（2000年食品リサイクル法、2003年食品安全基本法、2005年食育基本法、2013年食品表示法、2019年食品ロス削減推進法）。しかし、地球規模では人口が増え続け、食糧不足が深刻です。地球上の「食」事情が二極化しているのです。人々は便利で快適な生活を求め、巨大化する多国籍「食」ビジネスは利益と効率最優先で自然破壊や枯渇資源の搾取を繰り返しては富を独占しています。

一方で、自らの生活を選択すること自体、困難な地域、社会、国家に生まれた人々にとっては、「食」の格差で日々の糧を得ることすら貧しいです。

　本書は、私たちの当たり前に存在する矛盾に気づくために、生きるうえで欠かせない「食」と、持続可能な社会の指針になるSDGs[3]の２つに焦点を置きます。「食」のまなびをスタートに、私たちが日常生活のなかで通り過ぎている矛盾に立ち止まり、思考力や判断力を耕していきましょう。真実を求めるプロセスには、これまで想像しなかった気づきに出くわすことが多いです。さらに探求することで、私たちの足元から、つまりローカル（Local）な行動からグローバル（Global）な持続する地球の未来へと〈つながり〉ます。「食」に関する問題は、SDGsが掲げた2030年までに達成すべき持続可能な開発目標の１つです。私たちが、年齢・性別・職業・国籍など履歴書にあるような項目にとらわれず、一人ひとりが地球市民であるという広い視点で"人間としての存在（Human being）"に気づき、"身体的、精神的、社会的に良好な状態で生きる存在（Well-being）"を実感するために、現在の私たちに何が必要なのかを問い直してみましょう。SDGsの目標達成である「誰一人取り残さない（No one will be left behind）」ために、私たちの思考と判断の挑戦が求められます。私たち一人ひとりが身近なことに対して、他人ごとではなく自分ごととし、社会の矛盾に気づくことが初めの第一歩です。

　今も昔も、西洋でも東洋でも「食」は共通して国の安定を左右してきました。「食」は、私たちの生命を維持させるためだけでなく、精神的な安定をもたらします。「食」が不足すれば、争いが起きます。また「食」が足りていても、公正に分配されなければ満足感を得ることはできません。しかし、私たちの多くは日常生活のなかで「食」することが当たり前になり過ぎて、意識しなくなっているのではないでしょうか。筆者であるわたしは、「食」べることは大好きですが、「食」の専門家ではありません。わたしの専門は教育福祉学（Edu-care）、気づきがもたらす自己の変容について関心があります。私たちのライフサイクルで見過ごしがちな（もしくは沈黙する）矛盾に焦点をあて、教育機関や地域で対話する場を支援するファシリテー

ターです。ファシリテーターとは促進者です。進行役というよりも、一人ひとりの声を引き上げて、まなびの対話に〈つながり〉を創ります。本書では、わたしは読者のみなさんとまなびの対話を通じて「食」についてファシリテートします。そのプロセスで、みなさんにとってどのような気づきがあるか楽しみです。

　今まで見過ごしていた「食」に立ち止まってみると、さまざまな気づきがあり、日常の生活から"人生(Life)"に深い問い直しをもたらすことになります。「食」に限らず、私たちのライフサイクルの節々で、当たり前のように通り過ぎている事柄には矛盾することがたくさんあります。それらに立ち止まって、何かに気づき(Awareness)、もっと知るために情報や知識を調べて認識し(Acknowledgement)、そして自らの選択から行動(Action)に移す循環(以下、3As')は、自己の変容をもたらします。日常の生活で3As'を意識することは、自らの感性を磨きます。そのような経験の繰り返しが、自分の価値観を築き上げ、自分らしい生き方へと導いていくでしょう。

　本書の第1章では、対話から気づきを促し、〈つながり〉を重視するホリスティック教育のまなびを紹介します。ホリスティック教育は、ライフサイクルを通じて、自分らしい生き方へと導く人生のまなびのヒントになります。そして、気づきから自己の変容へと行動に移すために、エコロジカルな気づきの実践から3As'を提案します。第2章は、モノとして消費される「食」肉牛(別名、産業用食肉牛)、第3章では、"いのち"ある「食」肉牛について考えを深めます。第4章は、私たちの「食」についてSDGsの目標2と関連させて現状を見直します。そして第5章では、私たちの「食」について自らの自己の変容を振り返り、確認します。

　各章には、ワークが2つずつありますが、これらに模範解答はないです(クイズ形式のワーク2-②は解答があります)。もう1つ付け加えておきたいことは、本書が自己の変容を促す即効性があるかどうかはわかりません。本書は、読者の一人ひとりが主体となり、能動的なまなびに展開して

いくために、あらかじめ解答や結論は用意していないのです。本書では、「食」に関する矛盾、その背景や現状、そして二項対立する見解などを提示しますが、すべてを網羅していません。自らが気づいた矛盾に対して選択肢・解決案・課題策など、読者が主体となって考えを深めましょう。本書は、わたしが関西学院大学で担当する授業「現代ライフサイクル論」で使用しますので、本書執筆中に調べた「食」の情報源や「食」から関連したその他のテーマについて、各章の注釈と参考文献に記載しています。

　本書で筆者のわたしは、「食」について矛盾に感じるところを読者のみなさんに対話するように述べます。みなさんは聞き流す（実際は読み流す）のではなく、みなさん自身が、それらの矛盾について、自らの意見や考え、または批判する内容について掘り下げて考えてみましょう。それらを書き留めておくと、後で**自己の変容**の分析や理解に〈つながり〉ます。そして、みなさんにとって身近な人たちとそれらの矛盾について対話することが、ローカルからグローバルへの発信になります。何かに気づき、立ち止まること。正解のない／正解が複数あるテーマについて、自らの気づきから他者と共有し、選択肢・解決案・課題策を見つけ出すために協働することが**自己の変容**をもたらす要になります。

　誰にとっても基本的欲求の1つである「食」から私たちの当たり前ごとに温存する矛盾を掘り起こしてみましょう。一見、当たり前すぎて、考えるに値しないようなことでも、無関心にならず、視点を変えてみたり、他者と対話や協働したりすることで、一人ひとりの人生にとって大切なことを発掘するチャンスになるでしょう。「食」からの気づきは、迷宮に入るような未来の宝探しの旅です。

【注】

1　人間の五感による情報判断の割合は、視覚87%、聴覚7%、嗅覚3.5%、触覚1.5%、味覚1%。照明学会編『屋内照明のガイド』電気書院，1980年，p. 9.

2　農林水産省は「和食」がユネスコ無形文化財に登録後、関連機関として食料産業局食文化・市場開拓課和食室を設置。
　　https://www.maff.go.jp/j/keikaku/syokubunka/ich/

3　SDGsとは、2015年9月の国連サミットで採択された「持続可能な開発のための2030アジェンダ」で記載された2030年までに持続可能でよりよい世界を目指す国際目標．（本書、第4章参照）。

4　中野民夫『学び合う場のつくり方——本当の学びへのファシリテーション』岩波書店，2017年.

【参考文献】

池上彰・佐藤優『僕らが毎日やっている最強の読み方——新聞・雑誌・ネット・書籍から「知識と教養」を身につける70の極意』東洋経済新報社，2016年.

大瀬由布子『食べることは生きること——料理研究家が、真剣に発酵と食育について考えた本』カナリアコミュニケーションズ，2018年.

ワディウェル，ディネシュ．（著）井上太一（訳）『現代思想からの動物論——戦争・主権・生政治』人文書院，2019年.

目　次

第1章 対話から気づく自己の変容
——理論から実践へ

1-1 ホリスティック教育のまなび

　本章の初めに、ワーク1-①をしてみましょう。左は近代化型学校教育[1]、右はホリスティック教育です。ホリスティックという言葉を初めて耳にする読者もいると思いますので、ホリスティックについて先に紹介します。

　Holistic の語源は、ギリシャ語の holos です。その holos から派生した言葉は、hale（元気な）、heal（癒す）、healthy（健康な）、holy（神聖なる）、whole（全体）などがあります。Holistic は、1920 年代に創られ、その後半から辞書に載りはじめた新しい概念[2]です（吉田、1999：17）。その Holistic という全関連的な視点は、私たちが〈かかわり／つながり〉[3]合う有機的な[4]生態系を意味します。

　すでに、近代化型学校教育とホリスティック教育が二項対立した教育であることが明確でしょう。それでは、みなさんが受けた義務教育を思い出してみてください。もし、小学校と中学校で異なる点があれば、各項目横に（小／中）を記しておきましょう。

ワーク1-①　あなたが通った義務教育の学びを振り返ってみよう！
　　　　　該当する左か右に○で囲んでください。

近代化型学校教育	ホリスティック教育
教育者と被教育者の区別関係	教育者と学習者の循環的相互形成的関係
知識・技能の蓄積	自己と世界の多重的関係のあり方の変容
標準化・均質化・画一化	個性化・異質化・多様化

合理的知性（心身の分離）	知情意、心身、（無）意識等の統合的理解
独立した個人	関係のなかの個人
無限の一般的可能性	特殊な個性的潜在力
外的動機づけ	内発的動機
学力の要素主義的理解	学力の全体的理解
教科科目への分割・断片化	総合学習、経験的学習による教科の統合
知識作業	直感、身体、イメージ等の多角的アプローチ
競争原理	相互依存・相互扶助
効果性、結果重視	プロセス重視
管理	自治

出典：吉田敦彦『ホリスティック教育論──日本の動向と思想の地平』日本評論社，
　　　1999：192 から一部抜粋

　ワークをしながら、みなさんが受けてきた義務教育を振り返ってみて、いかがでしたか？　みなさんが義務教育で学んだことは、現在の自分にとってどのような影響をもたらしたでしょうか。義務教育の6歳から12歳頃は、私たちにとって人生の土台になる大切な時期です。

　本書のまなびの対話は、全体のバランスを重視するホリスティック教育の考え方が基盤にあります。学び方について知ったうえでまなぶと、これまでみなさんが学んできた義務教育と異なる可能性があります。本章では、「食」から何かに気づく前に、ホリスティック教育がどのようなまなびを重視しているのかについて紹介します。そして、エコロジカルな気づきを実践し、地球規模で考える Think Global, Act Local から 3As' を提案します。

　　ホリスティック教育は、〈かかわり／つながり〉に焦点をあてた教育
　　である。すなわち、
　　　論理的思考と直感との〈かかわり／つながり〉、

　　心と身体との〈かかわり／つながり〉、

　　知のさまざまな分野の〈かかわり／つながり〉、

　　個人とコミュニティとの〈かかわり／つながり〉、

　　地球との〈かかわり／つながり〉、そして

　　自我と〈自己〉との〈かかわり／つながり〉である。

　　　　　　　　　　（Miller, 2001：8-9、吉田訳、1999：10-11）

　上記からホリスティック教育がどのような教育か、具体的に想像がつきましたか。この6つの次元は、私たちの"いのち"に〈かかわり〉、そして一つひとつが全体に〈つながり〉ある有機的な生命体を示しています。

　ホリスティック教育を理解するために、近代化型学校教育と比較してみましょう。みなさんは、どちらに多く○で囲いましたか。ワーク1- ①で、近代化型学校教育とホリスティック教育の何が異なるのかわかりましたか。誰を主体に、何を目的に、どのような学び／まなび[5]なのか、自らが受けてきた教育の経験を振り返って深く問い直してみると、両者の教育観は根本的に二極化しています。

　20世紀の典型的な近代教育は、工場のような学校で完全管理しながら画一的な知識・技能を一斉に大人数の児童生徒に詰め込んできました。それ以前の啓蒙期から、そのような教育に警告を鳴らす教育者[6]はいましたが、戦争のたびに軍国主義、合理的かつ効率重視の教育が強化されました。第二次世界大戦後、欧米では経験を重視した民主主義的な教育が求められるようになり、1960年代のフリームーブメントからオルタナティブ教育の選択肢が増えるようになりました。日本では、いじめや体罰などの校内問題が深刻になった1980年代を経て、1990年代に入るとフリースクール[7]が増加します。

　北米で1980年代後半、ミラーがホリスティック教育を構築した背景には、経済成長と共に教育現場においても合理主義的な知識偏重の点数獲得競争が激化し、子ども・保護者・教員のすべてが疲労していました。一人ひとりの子どもの多様性を包括的に受け入れ、それぞれの成長や発達に

沿って内なる自己（魂）を育てること。子どもの魂を健全に育むことを最優先しました。そのためには、子どもたちを支える側の教員にも同様に健全な魂が宿る必要があり、ミラーはまなびの主体性を並列にしました。なぜなら、同じ教育現場にいる個々の内面に健全な魂が宿らなければ、個人のみならず社会、そして地球規模の破壊は避けられないことをミラーは危惧したからです。そしてホリスティック教育が、分断した個人や社会を再びつなぎ合わせ、教員と学習する側の両者を魂の満ちた教育現場に存在させることを目標にした新しい科目を、ミラーは 1980 年代から北米の大学院[8]で開設しました。

　ホリスティック教育は、物質的もしくは精神的に二項対立した現代の教育を修復し、調和することを促します。つまり、ホリスティック教育の定義が重視する〈かかわり〉の核心は〈つながり〉です。よってホリスティックな教育現場は、伝統的な詰め込み教育にありがちな教員から学生に対する一方向的な関係とは異なります。むしろ両者の関係は、〈つながり〉（以下、〈かかわり〉を〈つながり〉に含める）によって互いが強化され、それぞれの内面で変容していく包括的なプロセスがあります。では、そのプロセスを形成する 3 つの学習形態を説明しましょう[9]（Miller, 2001：5-8）。

ミラーの 3 つの学習形態

(1) トランスミッション《伝達》型（Transmission）の学習形態（図 1-1）

　第一段階は、アトミズム（原子論）的で教員が主体となって客体である学生に向かって知識や技能の細分化された要素を一方的に伝達し、学生は伝達された内容を記憶・習得していく教科・教員中心の形態です。知識・暗記量かつ時間制限などが必要な学習に有効な方法です。評価方法は、標準テストや習得内容を数値化することが可能ですが、理解・記憶内容の持続性には個人差があります。しかし、個人差は配慮すべき評価の対象になりません。

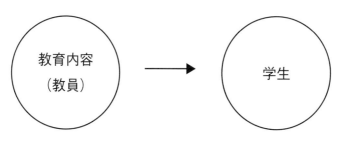

図 1-1　トランスミッション《伝達》型

(2) トランザックション《交流》型 (Transaction) の学習形態（図 1-2）

　第二段階のトランザックション《交流》型とは、学生が一方的な受け手にはならず、教員と学生、そして学生間で交流しながら学ぶプロセスがあります。この双方向のプロセスで、教員と学生が共に問題解決や知識探求をしながら学びます。この段階では、問題や知識が直接的に学生の内面には関連せず、一般常識内で知識や常識の習得が前提になります。デューイの経験主義 (Leaning by Doing) が代表的で、学ぶ側が主体になり問題や課題を解決したり、体験を通して習得できる判断力などを横断的・総合的に養うことができます。評価方法は、テーマに応じて質的にも量的にも選ぶことができます。

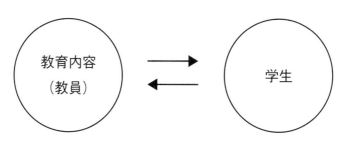

図 1-2　トランザックション《交流》型

(3) トランスフォーメーション《変容》型 (Transformation) の学習形態
　（図 1-3）

第三段階のトランスフォーメーション《変容》型は、プレゼンテーショ

ンや討論のような内容を深める場面に用いられ、教員と学生の学び（原著と本書は同じ学^{まな}びの意味）のあいだに隔たりをつくりません。第一段階や第二段階のような認知レベルを経て、学生だけでなく教員の内面も全体的に〈つながり〉、両者の**自己の変容**を経験する学びがあります。つまり、主体性が両者にあるため、両者の〈かかわり〉が深まることによって学びが長期的に深化浸透するだけでなく、多岐にわたって〈つながり〉が広まります。このプロセス上で内面に起こる気づきを重視します。そのため、評価には目には見えないものを省察・観想、対話、ダイアリーまたはジャーナルなどの記述や語^{ナラティヴ}りなどを通じて表現することになります。

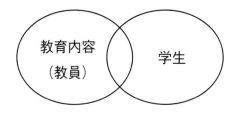

図 1-3　トランスフォーメーション《変容》型

包括性の原理

　これら3つの学習形態は、目的に適応します。よって、排他的に相互に対立しているのではなく、それらの関係を下記に示す包括性の原理に表すことができます（Miller, 2001：7-8）。つまり、この3つの学習形態は伝達（Transmission）→交流（Transaction）→変容（Transformation）の方向に向かって、包括的に発展しているのです。成田喜一郎は、ミラーの3つの学習形態が伝達型 →交流型 →変容型へと変化していく状態にウィギンズとマクタイの「理解の6側面の解釈（メタファー）」を援用し、伝達 [Have] →交流 [Do] →変容 [Be] と融合しています（図1-4）。3つの学習形態自体は、〈つながり〉を繰り返しながら段階的に**自己の変容**をもたらしているのです。

　本書を通じて伝達（Transmission）→読者のみなさんが自己や他者との対話・協働によって交流（Transaction）→そして、各自の**自己の変容**

（Transformation）が、包括的な人生の発展を促します。読者のみなさんが知ることによって［Have］、自らの気づきから積極的に理解を深めて行動することで経験を重ね［Do］、そして**自己の変容**［Be］に〈つながる〉ことが本書の期待するところです。つまり、私たち、一人ひとりが Well-<u>being</u>を求めて**自己の変容**をし続ける Human <u>being</u> なのです。

図1-4　包括性の原理（ミラーの包括性の原理に成田の援用を挿入）

ディープ・アクティブラーニングとの類似点と相違点

　ホリスティック教育に類似して、変容を重視する教育にディープ・アクティブラーニングがあります。ホリスティック教育は哲学から、ディープ・アクティブラーニングは教育方法から開発されてきました。

　ディープ・アクティブラーニングの前身になるアクティブラーニングは、戦後アメリカの高等教育の大衆化と共に研究され始め、1990年代から2000年にかけて約5倍に急増しました（溝上、2012：5）。先行研究は、アクティブラーニングという名称ではなく、問題解決、課題解決、発見学習、自己調整学習など教育心理学の分野（特に認知発達心理学）で発展しました。現在では、さまざまな場面でアクティブラーニングが目的に応じて活用されるようになり、溝上は能動的学習として下記のように定義しています（2012：7）：

　一方向的な知識伝達型講義を聴くという（受動的）学習を乗り越える
意味での、あらゆる能動的な学習のこと。能動的な学習には、書く・
話す・発表するなどの活動への関与と、そこで生じる認知プロセスの
外化を伴う。

　松下佳代もアクティブラーニングが乱雑な使用によって、①知識（内容）
と活動の乖離、②能動的学習をめざす授業のもたらす受動性、③学習スタ
イルの多様性への対応、という点で弊害があることを指摘し[12]、質と内容が
表面から内面に深化するディープ・アクティブラーニング[13]を提唱してい
ます（2015：5-6）。ディープ・アクティブラーニングの源流は、マルトン
やエントウィスルらによって理論化された「深い学習（deep learning）」や
「学習への深いアプローチ（deep approach to learning）」の概念が継承的
に発展しています。よって、松下はディープ・アクティブラーニングを下
記のように定義します（松下、2015：23）。

　　学生が他者と関わりながら、対象世界を深く学び、これまでの知識や
　　経験を結びつけると同時に、これからの人生につなげていけるような
　　学習

　学生の関与（参加）は授業の方向性や進行度を左右します。同じ授業内
容でも、対象学生が異なると、授業内容の伝わり方・かかわり方・進度や
浸透度など、異なる世界を創ります。バークレーは、ディープ・アクティ
ブラーニングがホリスティック教育と共通する学生の深い関与（参加）を
促す3つの条件をあげています[14]（2015：83-86）。

　条件1：課題は適度にチャレンジングなものであること
　条件2：コミュニティの感覚
　条件3：学生がホリスティックに学べるよう教えること

　条件1は、学生にとって最適なチャレンジ・レベルで取り組めるように、
教員は学習の課題を用意し、個人学習は支援が必要です。条件2は、学生
が学習コミュニティのメンバーの一員であるという人間の基本的欲求を満
たせるように、動機づけとアクティブラーニングの相乗効果で学生の関与
（参加）を促します。条件3は、学生の深い学びが、認知領域と情意領域を
統合し、かつ運動的・精神運動的領域や道徳領域も相乗効果が高まります。
つまり、動機づけとアクティブラーニングの相乗的な相互作用を生み出す
ことで、学生の関与（参加）が期待できるのです。

　バークレーとミラーの類似点は深い学びです。また、バークレーの条件
3とミラーの3つの学習形態トランザックション《交流》型は、教員と学生
の相互的な学びがあります。両者がホリスティックな視点を重視している
点で共通しています。しかし、両形態の根本的な相違点は、バークレーの
ディープ・アクティブラーニングの主体は学ぶ側ですが、ミラーにはまな
ぶ側と教える側の両方にあることです。両者共に「人生につなげていける
ような学習」として定義していますが、前者は学生の学習プロセスでの変
容、後者はライフサイクル全体でのまなぶ側と教える側の変容を目的とし
ている点で異なります。

1-2　エコロジカルな気づきの実践

　前述したホリスティック教育には4つの特質があります。「いのち」へ
の畏敬、グローバル、エコロジカル、スピリチュアル。そのなかでも、ホリ
スティック教育の実践として「地球市民教育はホリスティックな志向を強
める動向にあることに着眼[15]」しています（吉田、1999：92）。地球市民教育
（Education for Global Citizenship）は、社会的《外的水平的》広がりと心理
的《内的垂直的》深まりをというバランスあるアプローチです。それまで
は国家間で解決しようとしていた地球規模の問題（環境、南北、人口、民族、
貧困、開発、人権、平和など）について、地球全体の問題として国境を越え
て国際機関・民間の活動（NGO/NPOなどの草の根運動）をエンパワメン

トしています。もちろん、そのなかには私たち一人ひとりの日々の行動も含まれています。

　日本国内における地球市民教育（シチズンシップ教育）の背景には、1970年代の高度経済成長にともなって帰国子女教育や国際理解教育を前身にした研究・実践がありました。1974年、第8回ユネスコ総会で採択された国際教育勧告[16]を契機に、これまでの国家や民族間の理解を越えて、環境・平和・人権など地球規模で問題に取り組む視点が加えられました（英国やカナダでは参加型民主主義を促すシチズンシップ教育が、地球規模の民主的な公正や正義を追求するグローバル教育と融合）。その後、1980年代の日本はバブル経済で外国人労働者を受け入れるようになり（入国管理法などの法律改正）、日本にルーツがある南米からの日系移民や中国残留孤児の子孫たちの帰国など、国内外の国際理解が急務になりました。

　ここからは筆者のホリスティックなまなびの経験を紹介します。わたしが初めて Think Global, Act Local という言葉を耳にしたのは、2001年10月でした。ちょうど先に紹介したミラー教授のいるカナダ・トロント大学大学院オンタリオ教育研究所に在籍（博士課程）していた頃です。三十路過ぎて復学した大学院の授業で「目から鱗が落ちる」体験をしたのがセルビー教授のグローバル／環境教育の授業でした。わたし自身、それまで受けてきた近代化型教育に疑問を抱き、関西学院大学文学部教育学科に進学しました。しかし、当時の文学部の授業は講義形式が多く社会学部に転部しましたが、教育に関する疑問に明確な答えを得ないまま教員になって5年目、まなび直しのために大学院の博士課程へ復学しました。そこで、この参加型[17]の授業を受講して、生まれて初めて自分の内面にある心と身体が一致し、魂を呼び起こす学習の至高体験を得たのでした。

　ちょうど大学院に復学して数日後、トロントから約800kmほど（車で8時間足らず）離れたニューヨークで同時多発テロがあり、多くの学生が絶望感に近いショックを受けていました。しかし毎週、セルビー教授がファシリテートするグローバル教育の授業で、25名ほどのクラスメートたち（半数以上が現役教職員、かつ多人種、多宗教、多年齢層）とグループワー

クを重ねる度に、わたし自身が**自己の変容**を実感するようになりました。
次第にクラス全体が一体化し、すべての違いを越えてオープンに対話する
ことができるようになりました。テーマは身近に起こったテロなど、多岐
に渡って「今、私たちができることは何か」について話題になりました。ク
ラスメートとの対話から、境遇は違っても他人ごとを自分ごとに置き換え
て考える感覚を体験しました。授業の後半に入る頃には、わたしだけでは
なく、多くの履修生が**自己の変容**を実感していたそうです。

　毎回、講義後のグループワークで実践的にまなび、ディスカッションを
重ね、洞察力を強化することができました。講義を聴くだけでなく、その
内容に関したグループワークの実践を通じて、私たち一人ひとりが地球上
の網（ウェブ）のような相互依存関係[18]のなかで 1 つの結び目として生きて
いることを実感していたのです。わたし自身、この授業で経験したことか
ら多くのことに気づき、自らの人生を振り返るターニングポイントにもな
りました。常に、Think Global, Act Local という足元から地球規模の問題
をしっかり認識するために、時間と空間の〈つながり〉を意識するように
なったのです。

1-3　Think Global, Act Local から 3As' の提案

　長い間、わたしの人生に**自己の変容**をもたらした Think Global, Act
Local というフレーズの出典がわからずじまいのまま、帰国後は自らが担
当する授業で学生の関与（参加）を深め、それぞれが**自己の変容**を実感で
きるような授業をファシリテートするように心掛けてきました。その後も
地球市民教育では当たり前のように使われている Think Global, Act Local
（もしくは、Think globally, Act locally）というフレーズが、どこで、誰が
いつ使い始めたのかを、ずっと気にしながら。そして数年前、授業のワー
クに使おうと『世界がもし 100 人の村だったら　総集編』を読んでいると、
そのなかに答えを見つけました。この本の編者である池田香代子[19]による
と、バックミンスター・フラーというアメリカの建築家が好んで使ってい

たことばで、「地球全体のことを考えて、身近なところでなにかしよう」と解説が記されていました（2008：157-158）。わたし自身のまなびの経験から、小さなことでも Think Global, Act Local というフレーズをいつも心の底で温めながら、この本のなかに長い間の探し物を見つけたような気がしました。

『世界がもし 100 人の村だったら』はもともとネットロアから広まったそうです。日本では、2001 年に池田の再話として紹介され、現在にいたってもデータを更新して再版されています。新聞やメディアで読み／聞き流してしまうことでも、現状のデータを人間の視界に入りやすい 100 人レベルに置き換えると、地球が抱えている問題が自分ごとに迫る効果があります。

本書では、3As' について提案します。3As' とは、気づく（Awareness）、認識する（Acknowledgement）、行動する（Action）循環です。私たちが日常生活で選択するときに 3As' を意識することで実践できます。そして、私たちが意識する一つひとつの行動が、この地球を持続可能であり続けるかどうかに〈つながり〉ます（図 1-5）。

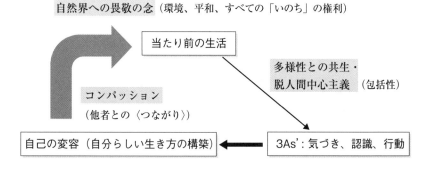

3 As' ＝気づく (Awareness)、認識する (Acknowledgement)、行動する (Action)

図 1-5　3As'

　次のワーク 1 − ②では、池上彰が池田香代子から協力を得て作成した『日本がもし 100 人の村だったら』[21]を用いて 3As'を実践してみましょう。

ワーク 1 − ②『日本がもし 100 人の村だったら』から、あなたの率直な感想を記述しましょう。

　　　── 100 人のうち　農業をしている人は 2 人ですが 1.5 人は 65 歳以上です

　　　──100 人のうち　漁業をしている人は 0.2 人です

　　　──100 人のうち　林業をしている人は 0.04 人です

次に下記の一文を読んでから、日本の第一次産業（農業・漁業・林業）についてあなたの考えを記述しましょう。

　　　──東京の食料自給率は 1％です　北海道は 195％です

　　　　　　　　　　　　　　　　　　　　　　出典：池上彰、2009：82-85.

【注】

1　本書の「近代化型学校教育」は1872年（明治5年）の学制発布以降の義務教育を指す。

2　吉田敦彦『ホリスティック教育論──日本の動向と思想の地平』日本評論社, 1999年.

3　Miller, J.P.（2001）. *The Holistic Curriculum*（revised and expanded edition）. Ontario: OISE Press. pp. 4-3. ミラーの定義において〈かかわり〉〈つながり〉はほぼ互換可能な同意語とする吉田の訳を引用。吉田敦彦『ホリスティック教育論──日本の動向と思想の地平』日本評論社, 1999年, p.17 & p.21の注（6）.

4　ここでは有機体を意味し、大辞林第三版（三省堂）によると「有機体においては各部分が互いに関係をもつとともに全体とのあいだに内面的な必然的関連をもち、単なる部分の寄せ集めではない一つの統一体をつくる。」

5　本書では、筆者は「まなび」と「学び」と使い分け、前者は自らが能動的にま・な・ぶ・こと、後者は受動的に学ぶことを指す。引用文は原著に従う。

6　ジャン＝ジャック・ルソー（1712-1778）の思想「自然に還れ」をはじめ、ペスタロッチ（1746-1827）、フレーベル（1782-1852）など子ども中心主義を唱えた啓蒙主義的教育者。エレン・ケイ（1849-1926）やシュタイナー（1861-1925）、モンテッソーリ（1870-1952）、ニイル（1883-1973）、クリシュナムルティ（1895-1986）などは、20世紀の新教育運動から独自の学校を設立。たとえば、ニイルのサマーヒル・スクールは、最も古いフリースクールで「世界で一番自由な学校」と評される。パーカー（1837-1902）、デューイ（1859-1952）、キルパトリック（1871-1965）は進歩主義教育へと展開。

7　1985年「東京シューレ」設立までは全国で10校足らずだったフリースクールが、2015年文部科学省の調査では全国474カ所、4,196人の小中学生が通っている。

8　カナダ・トロント大学大学院オンタリオ教育研究所（The Ontario Institute for Studies in Education of the University of Toronto）。同大学院で反人種差別教育を牽引してきたデイ教授は、管理主義的な学校で児童生徒が「落ちこぼれ（Drop-out）」るのではなく、「押し出され（Push-out）」ていることを指摘。デイ, G. J. S.（著）奥野アオイ（訳）『人種差別をこえた教育──差別のない社会を目指して』明石書店, 2003年, pp. 151-154.

9　Miller, J.P.（2001）. *The Holistic Curriculum*（revised and expanded edition）. Ontario: OISE Press.

10　成田喜一郎の資料参照。この資料はミラーが「七つの教育諸理論」（1983）を『ホリスティック教育』（1988）にまとめ、吉田（1999：281）が「教育諸理論の三層包括的分類」に日本語版で再構成し、さらに成田が改訂を重ねている。最新版（ver.15: 2020.11.26）参照、成田喜一郎「多様な教育学諸理論・哲学に支えられたIBプログラム」東京学芸大学国際バカロレア教育研究会（編）『国際バカロレア教育と教員養成未来をつくる教師教育』学文社, 2020年, pp. 152-161.、ヴィギンズ, G.・マクタイ,

J（著）西岡加名恵（訳）『理解をもたらすカリキュラム設計——「逆向き設計」の理論と方法』日本標準，2012年.

11　アクティブラーニングに関して参照、溝上慎一『アクティブラーニングと教授学習パラダイムの転換』東信堂，2012年.

12　文部科学省は2012年中央教育審議会答申で、大学教育の資質転換（受動的から能動的な学び）に関して生涯のために自主性・自律性を養う目的で「アクティブ・ラーニング」を政策用語として使用。しかし、2017年に示した学習指導要領（2018年度から実施）では「アクティブ・ラーニング」を用いず、「対話」や「カリキュラム・ディベロップメント」という別の表現を使用。本書では、アクティブラーニングは溝口の定義、そしてディープ・アクティブラーニングは松下の定義を用いる。

13　ディープ・アクティブラーニングに関して参照、松下佳代（編著）『ディープ・アクティブラーニング——大学授業を深化させるために』勁草書房，2015年.

14　バークレー，エリザベス（2015）「関与の条件——大学授業への学生の関与を理解し促すということ」松下佳代（編著）『ディープ・アクティブラーニング——大学授業を深化させるために』勁草書房，2015年，pp. 58-91.

15　吉田敦彦『ホリスティック教育論——日本の動向と思想の地平』日本評論社，1999年.

16　国際理解、国際協力及び国際平和のための教育ならびに人権及び基本的自由についての教育に関する勧告（Recommendation concerning Education for International Understanding, Co-operation and Peace and Education relating Human Rights and Fundamental Freedoms）の略称。

17　アクティビティの参考に、セルビー，ディヴィッド・パイク，グラハム（著）小関一也（監修・監訳）『グローバル・クラスルーム——教室と地球をつなぐアクティビティ教材集』明石書店，2007年．グレイグ，スー・パイク，グラハム・セルビー，デイヴィッド（著）阿部治（監修）財団法人　世界自然保護基金ジャパン（訳）『環境教育入門』明石書店，1998年．などを参照。

18　セルビー，デイヴィッド「ウェヴ（網目）を越えて——新世紀の出発点におけるグローバル教育」浅野誠・セルビー，デイヴィッド（共編）『グローバル教育からの提案生活指導・総合学習の創造』日本評論社，2002年，pp. 15-17.

19　池田香代子＋マガジンハウス（編）『世界がもし100人の村だったら——総集編』マガジンハウス，2008年．池田香代子はドイツ文学者で、フランクルの名著も翻訳（本書、第3章参照）。

20　100人村教材編集委員会（編）『ワークショップ版　世界が100人の村だったら　第6版』認定特定非営利活動法人 開発教育協会，2020年．池田香代子＆マガジンハウス（編）『世界がもし100人の村だったら2　100人の村の現状報告』マガジンハウス，2002年．池田香代子（再話）ラミス，C.ダグラス（対訳）『世界がもし100人の村だったら』マガジンハウス，2001年.

21 池上彰（著）池田香代子（協力）『日本がもし100人の村だったら』マガジンハウス，2009年.

【参考文献】────────────────────────

秋月龍珉『道元禅師の「典座教訓」を読む』ちくま学芸文庫，筑摩書房，2015年.

岩間浩『ユネスコ創設の源流を訪ねて──新教育連盟と神智学協会』学苑社，2008年.

橋本直樹『飽食と崩食の社会学──豊かな社会に迫る農と食の危機』筑摩書房，2020年.

Miller, J. P. (1999). *EDUCATION and the SOUL. TOWARD A SPIRITUAL CUR-RICULUM.* NewYork: State University of New York Press.［中川吉晴・吉田敦彦（監訳）『魂にみちた教育──子どもと教師のスピリチュアリティを育む』晃洋書房，2010年.］

──── (2001). *The Holistic Curriculum*, Revised and Expanded Edition. Ontario: OISE press., Miller, J. P. (1988) *The Holistic Curriculum*. First Edition. Ontario: OISE Press.［吉田敦彦・中川吉晴・手塚郁恵（訳）『ホリスティック教育──いのちのつながりを求めて』春秋社，1994年.］

Miller, J.P. (1993). *Holistic Teacher*. Ontario: OISE Press .［中川吉晴・桜井みどり・吉田敦彦（訳）『ホリスティックな教師たち──いかにして真の人間を育てるか?』学研研究社，1997年.］

Miller, J. P., J. R. B. Cassie, and S. M. Drake (1990). *HOLISTIC LEARNING: A Teacher's Guide to Integrated Studies.* Ontario: OISE Press.

中川吉晴『気づきのホリスティック・アプローチ』駿河台出版社, 2007年,

日本ホリスティック教育協会（編）『対話がつむぐホリスティックな教育──変容をもたらす多様な実践』創成社新書，創成社，2017年.

日本ホリスティック教育協会・中川吉晴・金田卓也（編）『ホリスティック教育ガイドブック』せせらぎ出版，2003年.

吉田敦彦『世界が変わる学び──ホリスティック／シュタイナー／オルタナティブ』ミネルヴァ書房，2020年.

コラム 1

「いただきます」「ごちそうさま」の意味を知っていますか？

　私たちは子どもの頃に、食前に「いただきます」、食後に「ごちそうさま」と手を合わせて「食」に感謝することを大人から習いました。しかし、それらの言葉のなかに、どのような意味があるか知らないことが多いです。その意味を知ったら、もっと心に響く「食」になるでしょう。

　「いただきます」は「頂く／戴く」と漢字で書き、大辞林（第三版）の解説では、①頭の上にのせてもつ、②「もらう」の謙譲語、③「食べる」「飲む」の謙譲語・丁寧語、と記されています。また、日本国語大辞典の解説によると「相手（動作主）の、自分の側への行為が恩恵となるものとして、感謝の意を表す」ために、自分よりも頭の上にあるものを与えられることに手を合わせたり、お辞儀をしたりする、という意味です。このなかに、"いのち"をいただくことに対する敬意があります。

　「ごちそうさま」は「ご馳走様」と書きます。これは、お客をもてなすために食材集めに奔走する様子を表しています。駆けるは、「早く走る」という意味がありますので、昔の交通手段であった馬を走らせて、食材を揃えたのでしょう。そうしていただく食事への感謝の意を表す言葉になりました。

　日本人にとって食事のマナーには、仏教の影響は少なからずあります。仏教では食前に「食前の偈」、食後に「食後の偈」を唱えます。唐の南山大師から曹洞宗開祖・道元禅師（1200-1253）が『赴粥飯法（ふしゅくはんぽう）』を教示しています。曹洞宗の修行僧は、食事（じきじ）作法に則って食事をいただきます。

　仏教の食事訓を精読すると、食事に対する意識が変わり、目前の「食」を大切にいだきたいと思います。

〈食前の偈「五観の偈」〉

一（ひとつ）には　功（こう）の多少を計（はか）り　彼（か）の来処（らいしょ）を量（はか）る

［この食事は、天と地、あらゆる生き物、多くの人の働きによる恵みであることを想います。］

二（ふたつ）には　己（おのれ）が徳行（とくぎょう）の、全欠（ぜんけつ）を忖（はか）つて供（く）に応ず

［これらを食べるだけの価値あることをしたのかを振り返り、感謝をしながら、心を込めていただきます。］

三（みっ）には　心を防（ふせ）ぎ過（とが）を離（はな）るることは　貪等（とんとう）を宗（しゅう）とす

［むさぼらないように注意をし、ほどほどの量で満足します。］

四（よっ）には　正（まさ）に良薬（りょうやく）を事とするは　形枯（ぎょうこ）を療（りょう）ぜんが為なり

［生きているものがなるべく苦しまないように、この地球を守れるように、温暖化が進まないように食事をすることで、生命あるものへの思いやりを育みます。］

五（いつつ）には　成道（じょうどう）の為の故（ゆえ）に　今此（こ）の食（じき）を受（う）く

［互いの親睦を深め、コミュニティの絆を強め、あらゆる生き物の役に立つという理想を育むために、この食べ物をいただきます。］

……「いただきます」

〈食後の偈〉

願はくはこの功徳（くどく）を以（もっ）て、

普（あまね）く一切に及ぼし、

我等（われら）と衆生（しゅじょう）と、

皆共（みなとも）に仏道を成（じょう）ぜんことを。

［この食事のおかげで、すべての人が健康を保ち、仏様の教えを守って生きられますように。］

……「ごちそうさま」

［現代訳］：〈食前の偈〉ハン, ティク ナット・チェン, リリアン（著）大賀英史（訳）『私と世界を幸福で満たす食べ方・生き方——仏教とハーバード大学が勧めるマインドフルネス』サンガ, 2018. pp. 144-145.、〈食後の偈〉永平寺の子ども用箸袋.

図 1-6　京都の鉄鉢料理、食前（左）・食後（右）

第2章 「食」肉牛^{ギュウ}について対話^{ダイアログ}

2-1 日本の食料自給率について

第2章では、ワークからはじめましょう。これは記憶力のテストではありません。みなさんが昨日、何を食べたかを思い出してワーク2-①に書き込んでください。そして、毎食の(　　%)内に、食料自給率を記入しましょう。

ワーク2-①　昨日、何食べた?

［朝食］time　　　　［昼食］time　　　　［夕食］time　　　　［間食］time

食料自給率

(　　%)　　　　(　　%)　　　　(　　%)　　　　(　　%)

たとえば、1日の食料自給率を可視化してみます。

[朝食]　　　　　　　　　　　[昼食]　　　　　　　　　　　[夕食]

ベーコンエッグ　6%　　　　　チキンカレー　48%　　　　　ご飯　96%

牛乳・乳製品　28%　　　　　果物　35%　　　　　　　　　豆腐の味噌汁　32%

野菜サラダ　75%　　　　　　　　　　　　　　　　　　　　鮭の南蛮漬け　30%

（農林水産省、2018 年度自給率から概算）

みなさんの1日の食事と上に示した一例と比べてみて、いかがですか。

みなさんは食料自給率を高く予測していたのではないでしょうか。日本は島国で海に囲まれ、国土の7割が森林なので、農作物や魚介類などは国内産だと予測していたと察します。しかし、ワーク1-②に示されたように、農作物や魚介類は海外からの輸入が増え、第1次産業の従事者数減少と高齢化が進んでいるために自給率は低下し続けています。

日本の国内自給率（カロリーベース）は、1966 年度の 68％から 2018 年度には過去最低の 37％を記録しました[1]。2016 年、NHK が全国 16 歳以上の 3,600 人（回収率 69％）を対象に実施した「食生活に関する世論調査」[2]によると、日本の食料自給率を「高めた方がよい」と回答した人が 76％に達しています。さらに、日本が国内需給の半分以上の食料を外国から輸入していることについて「とても不安がある」と回答した人は 18％、「ある程度」を加えると 77％が不安を感じているという結果が出ました。その理由の 50％が「国内の食料の生産力が低下するから」と、31％が「国際情勢の変化により、食料の輸入量が減ったり、止まったりする恐れがあるから」だったのです。それに加え、日本人が食品を買うときに重視する基準は、「新鮮なこと」と「安全なこと」で半数を占め、国産志向は 85％と高いです。2006 年の調査では「価格」が最上位に並んでいましたが、度重なる食品被害から安全志向の方が「価格」よりも高まったことが 2016 年の分析結果で明らかになりました。また近年では、生鮮食品の残留農薬だけでなく、ポストハーベスト[3]も懸念されるようになりました。

　その一方で、日本政府は積極的に「食」貿易の自由化を進めているのが
現状です。それだけではなく、私たちのライフラインにあたる国内の「主
要農作物種子法（以下、種子法）」を廃止（2018）し、「改正水道法」を施行
（2019）しました。つまり、国内外を含めた民間企業が日本の「食」産業にも
入りやすくなるよう、政府は門戸を開こうとしています。

　私たちの食料自給率が 40％未満になった背景には、世界経済のグロー
バル化があります。政府は、さらに食料輸出入の自由貿易を促進させる
準備をしています。藤原辰史は、日本が TPP（環太平洋パートナーシッ
プに関する包括的及び先進的な協定 Comprehensive and Progressive
Agreement for Trans-Pacific Partnership）[4] に加盟することで外資が国内
の「食」生産に投資するようになり、「遺伝子組み換え作物の生産や輸入制
度が緩和されることでさらに食文化が画一化される[5]」ことを懸念していま
す（2014：52）。2020 年 11 月には日本・中国・韓国・オーストラリア・ニュー
ジーランド、東南アジア諸国連合（ASEAN）の 15 カ国が、自由貿易圏構想
「地域的包括的経済連携（RCEP）」協定に署名しました。発効すれば、TPP
や欧州連合との経済連携協定（EPA）よりも大きく、世界人口の約 3 割、国
内総生産（GDP）の約 3 割を占める巨大な経済圏ができることになります。
2020 年の時点では、日本が輸入する農業分野は国内農家に影響が大きいと
され、コメ、麦、牛肉、豚肉、乳製品、砂糖の「重要 5 品目」は関税撤廃・削
減から外されています。しかし、今回の協定署名で日本は初めて近隣の中
国と韓国と自由貿易協定を結ぶことになったため、今後の関税撤廃・削除
の変更によって「食」の輸入が増えると、日本の食料自給率はさらに低下
するでしょう。しかし 2020 年、新型コロナウィルス感染症（COVID-19）
によって食料の輸出入量が一時減少し、多くの国民が日本国内の食料安定
性について改めて危惧するようになっています。

　私たちの「食」生活が、季節を問わず、いつでもどこでも便利になればな
るほど、原材料の原産国が見えにくくなります。もしかしたら私たちは、
一体、何を食べているのかわからないまま「食」事を繰り返しているのか
もしれません。実際に食中毒による事故／事件は、過去 5 年間 1000 件を超

えています[6]。前述した 2016 年の NHK 調査では、私たちの食事の 7 割近くが外食や加工食品を利用していることが明らかになりました。近年、外食先で注文前に「食べられない食材はありますか？」とアレルギーなどを確認されたり、加工食品は容器包装の裏に原材料の表示が義務づけられるようになりました（食品表示法）。しかし、それだけでは万全ではないです。現在、表示義務のあるアレルギー 7 品目の他に、表示が推奨されている特定原料に準ずるものは 21 品目[7]あり、増加し続けています。私たちが利便性を重視した生活を求めれば求めるほど、安い輸入食材や加工食品が増え、国外で使用許可された農薬や食品添加物が入ることになります。私たち消費者のあいだに、「食」の安心・安全・安定（3 安）に対する意識と利便性を求める傾向が対極して高まる矛盾が生じています。そのうえに、経済の自由化を勧める政府と利益を最優先する企業の歪みが、食品被害として私たち消費者に起こっているのです。

　過去に起こった食品被害は、過去の出来事として終わったことではありません。現在にいたっても、森永ヒ素ミルク中毒症（1955 年粉ミルクにヒ素が混入し乳児 130 人死亡、約 1 万 3,500 人が健康被害）、カネミ油症（1968 年食用油に PCB が混入）の被害者は身体的・精神的・社会的後遺症が続いています（本書では、水俣病とイタイイタイ病に関しては公害病とします）。特に、有害物質が混入していた食品被害については、事件発生から救済措置まで何十年も裁判で争われています。森永ヒ素ミルク被害は 1973 年恒久救済措置合意、カネミ油被害は、2012 年救済法が成立し、2020 年には長崎県の初実態調査から 2 世の被害報告が明らかになりました。同時に、被害者の家族が負うことになった二次被害についても、計り知れない苦難が続いています。森永ヒ素ミルク事件の原告側弁護団長だった中坊公平は、「公害の被害者は二度殺されるという警句[8]」を指摘しています（2000：50-84）。

　食品被害は、さまざまな「食」の分野で後が絶たないです。消費者の口に入るまでの工程が見えていないため、特に食品偽装の問題につながりやすいことが原因にあります。「食」の生産地、原材料、消費期限、賞味期限

や食用の適否などの食品表示法だけでは、各消費者のニーズに情報が充実していないために改正が続いています。2020年から完全に実施される食品表示は、加工食品への栄養成分表示の義務化、栄養成分の多少に関する表示ルールの厳格化、食物アレルギー表示の改善、製造所固有記号の厳格化、原材料と添加物の明確な区別などが含まれます。2022年からは、一番重量の重い原材料の順から原産地（国）を表示することが義務になります。2023年からは、遺伝子組み換えでないことを表示できるのは「不検出」の場合のみになります（5％以下は混入可。しかし、他国と比較して日本の混入率は高い：たとえば、韓国は3％以下、オーストラリア・ニュージーランドは1％以下、EUは0.9％以下）。明らかに、2022年と2023年の改定にはグレーゾーンがあります。食品表示は、消費者が食品を購入する前に判断できる唯一の情報です。消費者にとって、栽培・飼養から卸売・小売りまで、法律[9]に基づいた生産・販売側との信頼関係が重要です。しかしながら、食品偽装事件は目に見えないところで複雑化しやすく、イタチごっこのように終わりがありません。

　また近年の研究[10]で明らかになっていることは、表示されているものがすべて安全で、自分の体に合っているとは限りません。表示されている原材料や食品添加物は動物を使って臨床検査した結果、各国が認可したものです。また、国内外で一般的に表示されているカロリー計算は平均値であること。つまり食物から得るカロリーは、その種類・調理法・腸内微生物などの環境や個人の消化器系内臓が一様でないため、その複雑性を考慮すると、食品表示が全ケースに対応できるものではないです（ダン、2015：26-30）。「食」の原材料に手が加えられるほど、何がどのようにどれだけ混入しているのかは、消費者にわかりにくいです。法律で安全性は規定されていても、人間が意図的に作った「食」は進化し続け、常にメリットとデメリットが共存します。

　国民が求める国内食料自給率を高めるためには、政府と企業が消費者である私たちの安心・安全・安定（3安）を最優先することが求められます。輸入ばかりに頼ることなく、私たちの目の届く範囲で「食」を確保するこ

とが重要です。そのためにも、各都道府県周辺で供給可能な「食」×農＝地産地消を消費者が利用しやすいように、政府が第一次産業従事者を支援したり養成することが急務です。

2-2　何、食べたい？　牛肉、たくさん食べたい！

　わたしが大学教員になって間もない頃、学生たちと共に食事をすることが多かったです。「食」はコミュニケーションを円滑にしてくれます。当時、京都から勤務していた大阪の大学への通勤途中に鶴橋という駅があり、夜のホームは焼肉の匂いで充満していました。その匂いに引き寄せられるように、何度か学生や同僚たちと焼肉店に立ち寄ったことがありました。その頃を思い出しては大学生に「何、食べたい？」と尋ねると、今でも「牛肉、たくさん食べたい！」という答えが返ってきます。そして、下宿生は食費をなるべく安く抑えるために「牛肉はめったに買えない」、そして「買えたとしても輸入肉」と告白します。この数十年、わたしが大学生に尋ねた食べたい肉の種類を順にすると牛＞鶏＞豚肉です。しかし、下宿生が買う「食」肉は逆で牛＜鶏＜豚肉です。現在でも「食」肉の話になると、切実な学生の「食」事情が伝わります。本章では、消費者が求める「食」肉牛（別名、産業用「食」肉牛）について理解を深めます。

「食」肉牛の現状

　育ち盛りの10代から20代が一番「食」べたい牛肉は、栄養効果がとても高いです。「食」牛肉は、三大栄養素の1つであるタンパク質[11]が豊富です。タンパク質は、骨・筋肉・皮膚・内臓・血液・髪の毛など体の組織をつくる成分です。また、体の調子を整えるために、酵素やホルモン、そして免疫にも重要です。なかでも牛肉の赤身には、鉄や亜鉛が豊富に含まれています。実際に若い世代ほど、肉類からタンパク質を摂取する傾向があります。2017年国民健康・栄養調査の結果[12]から、20-29歳は29.7％のタンパク質を肉類から摂取しているのに対し、70-79歳は16.3％です。対照的に前者は

魚介類から 13.7％ですが、後者は 22.7％です。明らかに、若い世代の「食」生活が肉類、高齢世代は魚介類に分かれています。

　日本人の食生活は、戦後の食糧難を経て大きく変わりました。「食」肉は1949 年から小売店で売られるようになりました。その後、高度経済成長期の第 2 次ベビーブームの頃に、食生活は魚から肉へと移行しています。1 人当たりの牛肉需給は、1960 年 1kgだったのが 2000 年をピークに一時は 7.6kgを超えました。その後、1986 年に英国で最初に確認された狂牛病（Mad Cow Disease）、後の牛海綿状脳症（Bovine Spongiform Encephalopathy, 以下 BSE）が日本や米国でも見つかり（国内では 2001 年から 2009 年までに 36 頭の感染牛が確認）、2006 年は 5kg台まで落ち込みました。しかし、鶏肉と豚肉が各 1kgから 12kgに増加しています。「食」肉を 3 種（牛・鶏・豚）を合わせると 1 人当たり 3.5kgから 30kgになります。2001 年には、日本人の食生活は肉類が魚介類を抜いています。日本人が動物性の食品を積極的に摂るようになり、この 100 年で平均身長が 10cmも高くなっているのです。[13]「食」の欧米化により、日本人の体型が欧米人に近づいてきたのでしょう。

　国内における「食」肉牛の需要は近年、高まり続けています。「食」肉の需要が高くなればなるほど、経済のグローバル化で安い価格の牛肉が輸入されるようになりました。2020 年 7 月 31 日付の日本農業新聞によると、2020 年上半期の貿易統計では食肉輸入量は 1988 年以降、最多になりました。その理由に、経済の自由化により輸入肉の増加、「食」肉牛類の冷凍加工食品の増加と低価格化、そして新型コロナウィルス感染症（COVID-19）による家庭での高い需要があげられます。特に 2019 年度以降は、BSE に関連する米国からの「食」肉牛に対して輸入制限がなくなり、「食」肉牛や「食」肉牛を加工した冷凍製品が急増しています。「食」肉牛の輸入は、半数以上が米国からで、次にオーストラリア・ニュージーランドが続きます。

　2018 年に農林水産省が発表した品目別自給率[14]によると、牛肉の食料自給率は 36％です。しかし、もっと厳密に外国産飼料で育てられた牛の数を差し引くと、国産飼料で国内で育てられた「食」肉牛は 10％ほどに留ま

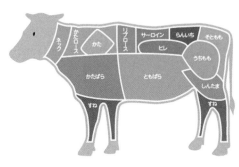

「食」肉牛の部位と、かた部分のローストビーフ
（左）出典：公益財団法人　日本食肉流通センター
http://www.jmtc.or.jp/consumer/part.cow.html

ります（加えて、国産の鶏肉は64％で外国産飼料で育てられた鶏を引くと8％、国産の豚肉は49％で外国産飼料で育てられた豚を引くと6％にまで下がります）。「食」肉中心の生活を送っていると、これほどまで輸入「食」に依存している現実を私たちは自覚しているでしょうか。

　「食」肉牛は、出荷されるまで、育成期間と肥育期間があります。肥育期間は「食」肉牛を太らせるために配合飼料を餌とし、トウモロコシや大豆粕を与えます。つまり、肉質は飼料によって変わるのです。牧草中心のグラスフェッド（grass-fed）は低カロリーで脂肪が少ない赤身、穀物中心のグレインフェッド（grain-fed）は高カロリーで体脂肪が多く赤身に脂肪の塊があります（これは和牛の霜降り肉とは異なります。霜降りは、筋線維という筋肉の細胞のあいだに脂肪細胞の"さし"が並ぶように品種改良されています）。

「食」肉の格差

　牛肉の格付けは、味の目安です。もちろん、格付けの判断は美味しいかどうかです。この格付けは、社団法人　日本食肉格付協会が実施し、売買取引の目安になります。格付けには2種類の等級があります（歩留や等級と肉質等級）。歩留等級（歩留＝可食部）はA・B・Cの3段階で、肉質等級

は 5 段階（霜降りが高い順）です。A-5 が最高値、C-1 が最低値になります。

　牛肉として販売される牛の生体は、皮、骨、内臓などを取った肉を枝肉といい、生体から取る枝肉の割合が大きいほど俸給が上がります。たとえば、牛一頭（約 700kg）から取れる食肉部位（精肉部分）は体重の 40％程度（約 300kg）です。大きさ以外の評価として下記の 4 項目があります。

　（1）脂肪交雑
　（2）肉の色沢
　（3）肉のしまりときめ（やわらかい触感）
　（4）脂肪の色沢と質

　生体から取れた枝肉を総合的にこれらの 4 項目から評価すると、最上位（15％）ぐらいに入るのが和牛になります。そのなかにブランド牛[16]があります。ただし、すべてのブランド牛が常に最高級位に入るとは限りません。

　輸入ではない牛肉には、「国産牛」という表示があります。この表示だけでは、生まれも育ちも Made in Japan と勘違いしそうです。しかし実際は、最長肥育地が日本国内である牛であれば、国外で生まれていても「国産牛」の表示になります。そのなかで「和牛」と呼べるのは、決められた血統と品種をもった 4 種だけです（黒毛和種・褐毛和種・日本短角種・無角和種）。

　ここまで「食」肉牛の生体は厳格に価格化され、モノとして売買されています。この数十年で「食」のグローバル化が進み、日本食ブームにともなって、「和牛」の需要は国外でも高くなりました（2017 年の輸出量 2,706t）。近年、懸念されていることは、日本の知的財産流出に値する「和牛」が他国に売られていくことです。[17] 優良な遺伝子を持つ種雄牛を育成するにはコストがかかり、数十億円の価値がある遺伝子を有する牛もいるため、2007 年に「和牛」表示が制度化されました。その背景には、種雄牛や精液が国外に持ち出され、海外産「Wagyu」が流通したためです。ようやく、海外への遺伝資源の不正流出を防ぐために、2020 年 10 月から「家畜遺伝資源の不正競争防止法」と「改正家畜改良増殖法」[18] が施行されました。

「和牛」は高級「食」肉牛です。なかなか一般庶民の食卓に上がるような金額ではないです。たとえばサーロインステーキ用の値段を比較してみると、A-5 格付け神戸牛は 100g あたり 6,000 円以上、スーパーで売っている国産牛は 100g あたり 700 円、米国産の牛肉は 400 円ぐらいです。

謎の「食」肉牛

高まる「食」肉牛の国内需要に歯止めがかかった事件が、前述した 1986 年に英国で最初に確認された BSE です。世界中で放映された BSE 発症牛の映像を見て、多くの人々が驚愕しました。BSE は牛の病気の 1 つで、BSE プリオンと呼ばれる病原体に牛が感染した場合、牛の脳がスポンジ状になり、異常行動や運動失調を起こして死亡します。

BSE の原因は、「食」肉牛を効率よく急速に大きく飼育するために成長ホルモンを使用し、穀物中心の配合飼料に加えて、レンダリングプラントという肉骨粉を与えていました。そのなかに、BSE に感染した牛の脳や脊髄などが含まれて感染が拡大したのです。狂牛病は牛だけではなく他の生きものもかかるリスクがあります。英国政府は 1996 年に、狂牛病を発症した「食」肉牛を人間が食べると、変異型クロイツフェルト・ヤコブ病（スポンジ状脳症）になるリスクがあることを発表しています。英国保健省（Department of Health）が公表した 2011 年までの狂牛病発症数は、18 万頭、変異型クロイツフェルト・ヤコブ病（スポンジ状脳症）の患者数は 174 人です。

また、密集した飼養環境では「食」肉牛のあいだで病気が蔓延しないために、抗生剤が大量に投与されています。世界で最も「食」肉牛を輸出する米国の業界は、外食産業、特にファーストフードの需要の高まりに後押しされ巨大独占企業化し、食肉処理の解体作業を工業化しました。1 つのハンバーガーには数百から数千頭もの「食」肉牛が挽肉にされていると表現されるぐらい工場化されているのです（シュローサー、2001；2002）。日本では、BSE の蔓延防止措置として、トレーサビリティ制度[19]を取り入れ、牛の個体識別番号で一元管理し、消費者にもこの情報を提供することを促進

しています。この制度によって、「食」肉牛の屠畜解体、枝肉、部分肉出荷までの情報が 10 桁のバーコードに管理され、消費者にも情報開示されています。

　「食」肉牛が原因となった食中毒は他にもあります。私たちがニュースでよく耳にするサルモネラ菌や大腸菌 O-157 です。本来、反芻動物である草食動物の牛に穀物の飼料を与えるために消化器機能が乱されています。短期間に安く大きく育てるためだけでなく、人間の嗜好に合うように（霜降り肉）、トウモロコシなどの穀物を配合して与えているのです。

2-3　この「食」肉牛は大丈夫？

　応用色心理学（Applied Color Psychology）によると、ファーストフード店のロゴに赤が多いのは、刺激・食欲や空腹感を引き起こす効果があるためです（Haller, 2019）。私たちが空腹のあまりファーストフード店へ駆け込んで注文するとき、中身を気にすることはありません。外見で美味しそうなファーストフードを「食」するだけで、インスタントな幸福感を得てしまうのです。

　しかし後になって、その中身を知ると、後悔と反省の念に苛まれてしまうことが多いです。「もう二度とファーストフードは食べない！」と我に誓うのですが、しばらく経つと食べたくなります。「食」の中身を知れば知るほど、現代「食」生活の檻のなかで選択肢を模索する二項対立のジレンマにいるような気がします。

　空腹時に食べるファーストフード、なぜ、こんなに美味しいのか。そして一度食べると、また食べたくなるアノ欲求。これは、一体何なのか。それは原材料や店舗の外見だけではないようです。ジェイコブソンとフリッチナーは、ファーストフード業界が公表拒否したくなる成分を分析しています[20]（1988：147-265）。私たちの食欲をそそる成分は、添加物以外、何ものでもありません。

食品添加物

　食品添加物は、食品を製造・加工する際に使われ（にがり、かんすい、活性炭など）、品質・味や外見を良くする（保存料、着色料、香料など）、保存性を向上させ食中毒などを予防する（保存料、酸化防止剤、防腐剤など）、栄養成分の補充・強化（栄養強化剤など）する効果があります。特に「食」肉牛には、食中毒を防ぐ保存料として使われる必需品です。

　その一方で、人体に被害をおよぼすこともあります。食品添加物の規制が始まったのは明治33年「有害性着色料取締規制」にさかのぼります。その始まりは、着色料でした。現在にいたっても着色料は、発がん性のリスクが指摘されています。食品添加物として代表的な着色料は、お菓子だけではなく、「食」肉牛やハム・ソーセージなどの加工食品にも使われています。近年、英国の食品基準庁（FSA：Food Standards Agency）は、合成着色料を摂取した子どもに多動性行動が診断された報告を受け、食品に表示義務化[21]したものもあります（安部、2014：114-115）。

　日本の食品添加物規制は戦後、1947年に「食品衛生法」が制定され、認めれらた添加物以外は使用が禁止されています。日本で認められている食品添加物[22]は、約1,500種類（2020年度現在）あります。

①指定添加物：主に化学合成添加物（466品目）

②既存添加物：長年使用され「問題なし」とみなされた天然添加物（357品目）

③天然香料：動物や植物から摘出（バニラ香料、カニ香料など約600品目）

④一般飲食物添加物（約100品目）

　食品添加物は、ラットなどを動物実験した安全性試験を経て認可されます。医薬品と異なり、食品添加物には人体実験（臨床試験）は実施されないです。動物実験の結果に基づいて、人間が添加物を一生食べ続けても安全と認められた分量を体重1kgあたりの量として算出したものがADI（Acceptable Daily Intake）＝1日許容摂取量です。食品添加物の摂取許容量は、各食品によって異なるので、複合して摂取する品目によって計算する必要があります。厚生労働省はマーケットバスケット方式[23]により毎年、

指定した食品添加物を検査しています。1 日 1 人あたり 2.8g、年間約 1.2kg の食品添加物の摂取を報告しています。一方で、科学ジャーナリストの渡辺雄二は年間約 7.7kg（2014：5）[24]、環境・食品ジャーナリストの天笠啓祐は販売量^{マイナス} − 廃棄量から類推して 1 日 1 人当たり 36.5g、年間約 13.5kg、生涯で約 1t の食品添加物の摂取を算出（2018）[25]しています。食品添加物の摂取量に関しては、長年、1 日 1 人当たり 11g、年間 4kg 程度と言われてきました。しかし、天笠は私たちの「食」生活が外食や加工食品を常用する割合が多くなればなるほど、1 日に摂取している食品添加物は 100 種類に相当し、摂取量が上昇し続けていることを指摘しています。

　また、食品添加物「無添加」や「不使用」と表示されていても、同じ成分のある製法や添加物の規定にない添加物（たとえば、pH 調整剤など）が使用されていることもあります。添加物のなかでも、③天然香料^{イコール} ＝ 安全とは限らないことも留意しておくべきです。近年では厚生労働省から安全審査の手続きを経た遺伝子組み換えをした添加物もあり、2019 年までに 42 品目が登録されています。[26]

　登録される食品添加物が増え、使用についても複雑化しています。また、食品添加物については各国が独自の認可規定を作成しています。よって、食品表示の原材料欄だけでは、消費者は何を食べて、何は食べるべきではないか、という判断が難しくなっています。私たちが日常的にできる食品添加物の見分け方は、「食品添加物とは、台所にないもの[27]」かどうか（安部、2005：191-194）、そして常に「だれのための食品添加物」なのかを考えて「昔から使われてきたもの見直そう[28]」と判断すると（渡辺、2014：148-147）、ヒントになります。そして、表示されている主原材料以外の添加物がなるべく少ない食品を選ぶことが安全でしょう。

遺伝子組み換え作物（GMO：Genetically Modified Organism）

　遺伝子組み換え作物（以下、GMO）は、特定の性質を作るために、生物の遺伝子の一部を切り取って、他の遺伝子に組み込む技術を用いています。そのメリットは、食料の安定共有、農薬使用量の削減、農業生産者の収入

増加、温室効果ガス削減などが見込まれ、世界の28カ国で栽培されています。ヨーロッパでは、市民の根強い反対によって、GMOの流通に慎重な国が少なくないです。専門家のあいだでも安全性について二項対立した意見があります。

　日本は世界でもGMO輸入大国です。日本に輸入されるGMOは飼料用・加工食品に使われています。[29]日本で使用が認められているGMOは、トウモロコシ・ナタネ・ワタ・大豆・テンサイ・ジャガイモ・アルファルファ・パパイヤの8種類320品種です。トウモロコシ、ワタ、ナタネの受給率は≒0%、大豆は7%のため、輸入に頼っています。日本に輸入される農作物の9割がGMOと推定され、日本人が1年に消費するGMOの量は、コメの年間消費量（約800万t）の2倍以上に相当します。[30]GMOは、食品に使用される際には表示義務がありますが、家畜の飼料に使用されると消費者にはわかりません。つまり、消費者が購入段階でGMO食品を選んでいなくても、GMOの飼料で育った「食」肉・卵・乳を介してGMOを口にしているのです。

　GMOを積極的に開発・販売したのは、米国のモンサント社[31]でした。もともとモンサント社はポリ塩化ビフェニール（PCBs）、プラスティックや合成樹脂製造の化学企業でした。ベトナム戦争で使用された枯葉剤[32]はラウンドアップという除草剤に、爆弾に詰められていた火薬は化学肥料や殺虫剤に変貌しました。そのラウンドアップに耐性をもつGMO（ラウンドアップ・レディー）を育成して特許化し、セットで販売しています。1994年には遺伝子組み換え大腸菌に牛成長ホルモンを作らせる製法を開発したポジラック（Posilac）や、他にも成分を改変、組み換えした品種を開発しています。

　GMOは伝統的な作物の育成手法と違って、一代限りです。つまり、種の伝承ができません。そこで、GMOを開発販売するモンサント社[33]は、米国のみならず世界中自社の種を特許化することで、GMOシェア確保商法を展開してきました。そして、結果的に中南米やアジアの固有種を根絶させ、多額の経済的負担を農家にさせるという農業支配が批判されています。バ

イオ科学メーカーのモンサント社の売り上げ利益がピークに達した 2007・2008 年は、GMO の世界シェア 90％を占めていたほどです。

　日本政府は、モンサント社のような多国籍巨大企業が日本国内に参入しやすいように、2018 年「種子法」廃止しました。この法律は、サンフランシスコ講和条約後の 1952 年に制定され、コメ・麦・大豆の種子の生産や普及を都道府県に義務付けていました。その背景には、敗戦後の食糧難を解決するために、政府が支援して各都道府県で主要作物を守り、開発し、安定して生産するという目的があった政策でした。それによって、産地のブランド米が作られるようにもなりました。しかし、TPP のような自由貿易がさまざまな分野で輸出入を可能にし、政府が「農業競争力強化プログラム」（2016 年政府意向）を優先して国内の「種子法」を廃止することで民間企業が参入し、国内でも GMO の生産が始まっています（すでに国内の民間企業が GMO 米を出荷：三井化学の「みつひかり」、住友化学の「つくばSD」）。

　モンサント社は 2018 年、ドイツの薬品化学最大手バイエル社に買収・吸収されましたが、モンサント社の主力商品だった除草剤「ラウンドアップ（グリホサート）」の発がん性をめぐる訴訟で、2020 年に米国の原告約 12 万 5 千人に対して合計最大 109 億ドル（約 1 兆 1600 億円）を支払うことで和解しました。今後も訴訟の数は増え続けることが懸念されています。日本でも使用されている「ラウンドアップ（グリホサート）」は、使用開始 30 年足らずで開発国の審判を受けています。

ゲノム編集

　ゲノムとは、遺伝子情報全体を指します。その標的にした遺伝情報を改変する技術が、ゲノム編集です。2005 年から医療のみならず、食品（作物・家畜・魚類等）においても応用されています。[34]

　遺伝子組み換え方法は、直接、DNA に射撃（パーティクルガン法）／感染（アグロバクテリウム法）／電圧（エレクトロポーション法）することです。そのために遺伝子組み換え精度は低く、標的外変異率が高くなります。

しかし、ゲノム編集の方法は各細胞へ注射（マイクロインジェクション法）／感染（アグロバクテリウム法）／電圧（エレクトロポーション法）で導入するため精度は高く、標的外変異率は低いです。しかし、オフターゲットすると標的外の遺伝子を破壊することになります。開発の速度と費用に関して、遺伝子組み換え技術は長期で高額（数十億円以上）ですが、ゲノム編集は低額（数百万）のためベンチャー企業などが実施しやすいです。将来的にゲノム編集の方が、研究から実用化までの利点が多く、遺伝子組み換え技術よりも開発、実用化する可能性[35]は高いでしょう。2020年10月、ノーベル化学賞がゲノム編集の改変技術（CRISPR-Cas9）に携わる仏米の研究者2人に贈られることになりました。両氏の開発したゲノムを切る技術は、正確にスピーディにゲノム編集を可能にしたことが評価されました。

　日本では環境省・厚生労働省の判断で、ゲノム編集生物は外来遺伝子が残らない（自然界でも突然変異は起こりうる）、という理由で規制対象外としています。そして2019年からゲノム編集された食品は、環境影響評価・食品安全審査はなく、表示も義務付けられずに市場に出ることになりました。ゲノム編集食品についての対応は、国によっても異なります。米国では表示義務はありませんが、EUでは義務化されています。この点では、前者がGMO開発国で、後者は禁止国です。「食」に対する意識の違いが欧米間では鮮明にあります。

　すでにゲノム編集された食品のなかには、巨大化させた「食」肉にする牛豚鶏、筋肉量を抑える機能を壊して肉量を多くしたマダイ、収穫量を増加させる稲、毒素の合成を抑えたジャガイモなど、商品化に結びつく開発が進んでいます。2020年12月、ゲノム編集技術で開発したトマトが国内第1号「ゲノム編集食品」として厚生労働省に届け出、受理されました（2022年頃商品化）。このトマトは、ストレス軽減や血圧上昇を抑える「GABA」という成分をふつうのトマトの5倍含有しています。ゲノム編集食品が消費者に受け入れられると、他にもゲノム編集技術を用いた食品は食卓に上がるでしょう。

　動植物の遺伝子を改変して、本来の大きさよりも1.5倍以上にすること

で、食糧難に貢献できるかも知れません。世界の人口がピークを迎える2060 年頃には 100 億人近くに達し、食肉の消費が急増する現実に、ゲノム編集が「食」革命を起こすと期待されています。近い将来、GMO を餌にしたゲノム編集で巨大化した「食」肉牛を私たちは当たり前に食べる時代になるかも知れません。ただし、私たちが覚えておくべきことは、"いのち"ある農畜漁業の不自然な「食」には未知のリスクがあり、それらは自らの身体に還る可能性があることです。

　遺伝子工学の進歩は、年々、加速しています。実際にアメリカでは GMOが市場に出始めた 30 年前、ファーストフードに「フランケンフード[36]」という表現があてはめられました。これはメアリー・シェリー（英：1797-1851）の小説『フランケンシュタイン』から使われています。主人公で、人造人間（＝怪物）を創った科学者ヴィクター・フランケンシュタインの身勝手な研究が、巨大化を続ける現代「食」の遺伝子工学に重なったのでしょう。今後、「食」の科学だけでなく、グローバル化が進んでいる「食」市場に世界共通の「食」倫理を確立することが急務です。

　人間の技術革新は、常に二項対立しています。それが世界中で容認されても、その 5 年後、10 年後、そして 30 年後には付属してきた要因や結果によって批判されることもあります。その一例に 1970 年ノーベル平和賞を受賞したノーマン・ボーローグ（米：1914-2009）の「緑の革命（green revolution)[37]」があります。ボーローグは、小麦や稲の品種改良の研究成果により中南米やアジアの食料増量に貢献しました。その一方で、この研究の実用化は富よりも貧をもたらした、とインドの科学者ヴァンダナ・シヴァは指摘[38]しています。その主な結末は、品種改良拡大のために化学系大企業を弾薬や兵器開発から農・食・医療ビジネスへ転換させたこと。そして、地域伝承していた自給型の農村コミュニティに経済を最優先する政治的圧力が介入したために、人々の生活が分断したことです。

　生源寺眞一は、「緑の革命」が中南米やアジアの食料事情を変えた一方で、未だに置き去りにされたアフリカの気候に適した稲の開発について、

日本の技術が大きな役割を果たしていることを紹介しています。それは、「緑の革命」のように単一作物をターゲットにするのではなく、「虹の革命（rainbow-color revolution）[39]」というさまざまな作物を視野に入れていることです（2018：74）。アフリカに渡った日本の農技術から気づかされることは、日本の農業を支えた種子法（1952-2018年）によって、風土に合った農業を持続させることが多国籍企業に独占されずに食料を公正に分配し、食糧難を解決する道筋を固めていたことを証明しています。

2-4　これは「食」肉牛⁉

　私たちの「食」生活が多様化し続けています。「食」肉牛を安く、美味しく、便利に利用できるように複雑に加工されています。加工肉とは、加工処理をした肉製品です。ハムやソーセージ、ベーコンなどが加工肉に該当します。加工には、成形肉／成型肉と脂肪注入加工肉があります。

| 加工肉 | → | 成形肉／成型肉：細かい肉片などや内臓肉など、軟化剤で柔らかくして結着剤で固め、圧力を加えることで形状を整えた肉 |

脂肪注入加工肉：牛脂を肉に注入し作成した肉

　近年、世界的な食肉需要が高まる一方で地球環境の問題が深刻化しています。その代替えに人工肉の開発が進められ、商品化されて市場にも出ています。その理由に、「食」肉の消費が多い欧米人に健康志向が高まったこと、食肉需要の増加に供給不足、そして家畜を飼育する環境負担の高さがあげられます。特に「食」肉牛の飼養が、環境汚染に影響していることに批判が高まっています。500kg前後の牛は、一頭につき、1日8kgの餌を食べ、10Lの水を飲みます。また、牛を飼育する環境が劣悪であればあるほど、人工的に作られた餌やホルモン・抗生剤を大量に投与された糞尿が、近隣の水質や土壌を汚染していることになります。そのような背景から、「食」

肉牛を消費することを疑問視する環境市民運動や個人の取り組みが増えています。

　すでに、日本国内でも大手の食品加工会社が、代替肉商品を大豆たんぱく素材（粒状大豆タンパク質）を使って、ハンバーグ・ハムカツ・キーマカレーなどに加工販売しています。同様に、ファーストフード店でも大豆ミート・バーガーを販売しています。ただし、食品の原料になる植物性タンパク質に関して、日本農林規格（JAS）では成分や原材料、食品添加物の規定がありますが、代替肉には公的な基準や規格はないのが現状です。また、植物である大豆を肉の味や食感に近づけるためには、かなりの食品添加物を混入することになります。日本の大豆のほとんどがGMOであるため、適切に詳細が表示されていないと何を食べているのかは不明です。

人工肉 → 代替肉（＝植物肉）：大豆や小麦のタンパク質を主原料とする肉上の食品。植物性タンパク質の補給や肉加工食品の増量材に用いる。

培養肉：動物の個体からではなく、可食部の細胞を組織培養することによって得られた肉、動物を屠畜（とちく）する必要がなく、地球環境への負担が低いがコストは高い。

　今後、私たちの「食」スタイル[40]が変わることで、人工肉の需要が増えるでしょう。その前に、消費者にとって人工肉の中身がわかりやすい表示が規定され、法律で義務付けられることを要します。

　ワーク 2-② これは何でしょうか？ すべて牛肉のメニューです。

1.（　　　　　　　　　　　　）
食肉等（牛肉、豚肉、牛脂肪、豚脂肪）、玉ねぎ、つなぎ（パン粉、卵白、

でん粉、粉末状植物性たん白）、食塩、砂糖、香辛料、チキンエキス調味料／調味料（アミノ酸等）、カラメル色素、香辛料抽出物、香料／ソース（たまねぎ、デミグラスソース、トマトピューレ、ワイン、ビーフエキス調味料、トマトペースト、バター、牛脂肪、ベーコン、水あめ、小麦粉、砂糖、しょうゆ、オニオンエキス、プルーンピューレ、にんにくペースト、酵母エキス、香辛料／増粘剤（加工でんぷん）、カラメル色素、調味料（アミノ酸等）、リン酸塩（Na）、pH調整剤、グリシン）／（一部に卵、乳成分、小麦、牛肉・豚肉・鶏肉・大豆を含む）

2.（　　　　　　　　　　　）
野菜（バレイショ国産）、玉ねぎ、牛肉、砂糖、しょうゆ、パン粉、大豆加工品、小麦粉加工品、ビーフオイル、食塩、みりん、粒状植物性たん白、粉末卵白、揚げ油（大豆油、なたね油）／加工でん粉、酢、アセロラ濃縮果汁、増粘剤（キサンタンガム）、（一部に小麦・卵・牛肉・大豆を含む）

3.（　　　　　　　　　　　）
牛肉、玉ねぎ、着色料（カラメル、野菜色素、カロテン）、ソルビット、加工でんぷん、加工でん粉、調味料（アミノ酸等）、凝固剤、酸味料、pH調整剤、リン酸塩（Na）、酒精、甘味料（ステビア）、香料（一部に卵・小麦・牛肉・さば、大豆を含む）

4.（　　　　　　　　　　　）
野菜（じゃがいも、しょうが、にんにく）、炒めたまねぎ、牛肉、リンゴ、ヨーグルト、トマトペースト、植物油脂、砂糖、カレー粉、乾燥たまねぎ、食塩、ビーフペースト、ビーフエキス、香辛料、小麦発酵調味料、バター／増粘剤（加工デンプン）、調味料（アミノ酸等）、カラメル色素、香辛料抽出物、香料（一部に小麦、乳成分、牛肉、ごま、大豆、鶏肉、豚肉、りんご、ゼラチンを含む）

5. (　　　　　　　　　　　)

油揚げめん（小麦粉、植物油脂、食塩、植物性たん白、昆布エキス、大豆食物繊維、糖類）、スープ（糖類、食塩、粉末しょうゆ、香味調味料、魚介調味料、かつお節粉末、香辛料、たん白加水分解物）、かやく（味付牛肉、揚げ玉、ねぎ、わかめ）／加工でん粉、調味料（アミノ酸等）、増粘剤（アラビアガム）、炭酸 Ca、リン酸塩（Na）、カラメル色素、香料、香辛料抽出物、酸化防止剤（ビタミン E）、乳化剤、酸味料、ビタミン B_2、ベニコウジ色素、ビタミン B_1（一部にえび・小麦・卵・乳成分・牛肉・ごま・大豆・鶏肉・豚肉・ゼラチンを含む）

＊食品表示はスラッシュ「／」を用いて原材料と添加物を明確に区別しています。この質問内の原材料名は商品記載通りです。表示は企業間によって異なります。

【注】

1 農林水産省「国内自給率」
https://www.maff.go.jp/j/zyukyu/zikyu_ritu/012.html

2 村田ひろ子・政木みき・萩原潤治（世論調査部）「調査からみえる日本人の食卓——「食生活に関する世論調査」から①」放送研究と調査 OCTOBER 2016，日本放送協会，2016年．

3 ポストハーベストとは、収穫後の農薬処理を指す。日本では認められていないが、外国産の農作物では、収穫後に害虫やカビの発生や腐敗を防ぐために品質保持を目的に使用されている。特に、外国産の加工食品は日本の食品安全（農薬や添加物）の法律と異なるため、その危険性（発がん性、催奇形性、毒性など）に気をつける必要がある。

4 2018年12月30日TPP発効：オーストラリア、ブルネイ、カナダ、チリ、日本、マレーシア、メキシコ、ニュージーランド、ペルー、シンガポール、ベトナム、米国の12カ国間で2016年に署名された経済連携協定。その後、アメリカが政権交代により2017年TPP離脱。

5 藤原辰史『食べること考えること（散文の時間）』共和国，2014年．

6 厚生労働省「食中毒統計調査」では、2018年の食中毒事件数1,330件、患者数20,252人、死亡者数14人。
https://www.mhlw.go.jp/toukei/list/112-1.html

7 特定原材料の7品目：卵、乳、小麦、えび、カニ、落花生、そば；特定原材料に準ずるもの21品目：アーモンド（2019年追加）、あわび、いか、いくら、オレンジ、カシューナッツ、キウイフルーツ、牛肉、くるみ、ごま、鮭、鯖、大豆、鶏肉、バナナ、豚肉、マツタケ、もも、山芋、りんご、ゼラチン

8 裁判の「冒頭陳述」参照、中坊公平『私の事件簿』集英社新書，集英社，2000年．

9 食品偽造に関する法律：＊刑法（詐欺罪）　＊食品安全基本法　＊食品衛生法　＊農林物資の規格化及び品質表示の適正化に関する法律（JAS法）　＊不正競争防止法　＊不当景品類及び不当表示防止法（景品表示法）　＊消費者基本法

10 ダン，R（著）「間違いだらけのカロリー計算」日経サイエンス編集部（編）『別冊日経サイエンス205　Scientific Americans 日本版　食の探求』日経サイエンス，2015年．

11 三大栄養素とは、糖質・脂質・タンパク質。

12 厚生労働省
https://www.mhlw.go.jp/bunya/kenkou/eiyou/h27-houkoku.pdf

13 独立行政法人　農畜産業振興機構　https://www.alic.go.jp
国際出版研究所『生活情報シリーズ⑱　食肉の知識』恒信社，2004年．p. 23.

14 農林水産省 品目別自給率

https://www.maff.go.jp/j/wpaper/w_maff/h23_h/trend/part1/chap1/c1_01.html

15　公益社団法人　日本食肉格付協会

http://www.jmga.or.jp

16　日本三大和牛：松坂牛（まつさかうし）、神戸牛（こうべビーフ）、米沢牛（よねざわぎゅう）、または近江牛（おうみぎゅう）の 3 銘柄で、公式に決まっていない。他に「黒毛和種」のブランド牛は 160 種近くある。

17　『朝日新聞』（大阪），2020 年 4 月 5 日朝刊.

18　2020 年 10 月施行の「家畜遺伝資源の不正競争防止法」と「改正家畜改良増殖法」によって、和牛精液など家畜遺伝資源を不正に取得・利用した場合、刑事罰として差し止め・損害賠償の請求措置などを定める。個人で 1,000 万円以下、法人で 3 億円以下の罰金が科せられる。

19　トレーサビリティ制度：https://www.maff.go.jp/j/syouan/tikusui/trace/

20　ジェイコブソン，M. F.・フリッチナー，S.（著）浜谷喜美子（訳）『ファーストフードの秘密――あなたの子供は何を食べさせられているか？』技術と人間，1988 年.
　　ファーストフードに関する映像：『スーパーサイズ・ミー』（米：2004）、2002 年にアメリカの少女 2 人が、「肥満はマクドナルドに責任がある」と賠償を求めた裁判をきっかけに、ファーストフードが日常化した現代食生活を探る。この続編『スーパーサイズ・ミー 2』（米：2019）。

21　日本では赤色 102 号、黄色 4 号、黄色 5 号、赤色 40 号が使用されている。
　　安部司『食品の裏側②実態編――やっぱり大好き食品添加物』東洋経済新報社，2014 年.

22　日本食品添加物協会

https://www.jafaa.or.jp

23　マーケットバスケット方式とは、スーパー等で売られている食品を購入し、そのなかに含まれている食品添加物量を分析して測り、その結果から国民栄養調査に基づく食品の喫食量を乗じて摂取量を求める。

24　渡辺雄二『「食べてはいけない」「食べてもいい」添加物』大和書房，2014 年.

25　天笠啓祐『life』180 号「一生でどのくらい食品添加物を食べていることになるの？」関西よつ葉連絡会，2018 年.
　　https://www.yotuba.gr.jp/amagasa/2018

26　遺伝子組み換え添加物については、公益財団法人　日本食品化学研究振興財団
　　https://www.ffcr.or.jp/tenka/list/post-15.html

27　安部司『食品の裏側――みんな大好きな食品添加物』東洋経済新報社，2005 年.

28　渡辺雄二（監修）『おかあさんのための危ない加工食品のはなし』三才ブックス，2014 年.

29　農林水産省「遺伝子組み換え農作物の現状について」h250805hamamatsusiryou.

pdf：公益財団法人　日本食品化学研究振興財団

https://www.ffcr.or.jp

30　バイテク情報普及会

https://www.cbijapan.com

31　米国ミズーリ州に本社があった1901年設立の多国籍バイオ科学メーカー、2018年独バイエル社に買収・吸収される。

32　ベトナム戦争中、沖縄に駐留した米軍は枯葉剤を沖縄の土壌に保管していた。2013年沖縄県沖縄市のサッカー場の人工芝張替え改修工事で、ダイオキシンが付着したドラム缶計33本が発見された。参照、ミッシェル，ジョン『追跡・沖縄の枯葉剤——埋もれた戦争犯罪を掘り起こす』高文研，2014年。、『西日本新聞』2018年8月23日（デジタル）「九州20カ所に猛毒埋設　ベトナム戦争の枯葉剤成分　専門家「漏出の恐れも」地元に不安」。

33　遺伝子組み換え作物（GMO）に関する映像：

『たねと私の旅』（加・米・仏：2017）

『パパ、遺伝子組み換えってなあに？』（米：2013）

『世界が食べられなくなる日』（仏：2012）

『遺伝子組み換えルーレット——私たちの生命のギャンブル』（米：2012）

『モンサントの不自然な食べ物』（仏・加・独：2008）

『キングコーン』（米：2007）、など多数。

34　NHK取材班『ゲノム編集の衝撃——「神の領域」に迫るテクノロジー』NHK出版，2016年.

35　日本でもゲノム編集で開発された「超多収イネ」などがある。参照、木村直之（編）『ニュートン別冊　食品の科学知識　第3版　科学的に正しい「食」の知識を身につけよう！』ニュートン　プレス，2018年，pp. 132-143.

36　小学館プログレッシブ英和中辞典、フランケンフードとは、遺伝子工学によって作り出された動植物を使った食べ物（＝遺伝子組み換え食品）。ロングマン現代英英辞典、food that has been produced by plants that were genetically modified – used when you disapprove of this process. シェリー，メアリー（著）芹沢恵（訳）『フランケンシュタイン』新潮社，2015年.

37　ヘッサー，レオン（著）岩永勝（監訳）『“緑の革命”を起こした不屈の農学者——ノーマン・ボーローグ』悠書館，2009年.

38　シヴァ，ヴァンダナ（著）浜谷喜美子（訳）『緑の革命とその暴力』日本経済評論社，1997年.

39　生源寺眞一『新版　農業がわかると、社会のしくみが見えてくる——高校生からの食と農の経済学入門』一般社団法人 家の光協会，2018年.

40　近年、多様化するであろう「食」の立場に、「倫理的菜食主義［ethical

vegetarianism］は、私たちは動物を食べるのを控えるべきであるという見解である。倫理的完全菜食主義［ethical veganism］は、私たちは動物を食べるのを控えるだけでなく、牛乳やチーズや皮革のような畜産物を食べる（そして利用する）のを控えるべきであるという見解である。倫理的魚菜食主義［ethical pescetarianism］は、魚を食べることは倫理的に許されるが陸生動物はそうではないという見解である。義務的肉食主義［obligatory carnivorism］は、動物を食べることは許されるだけでなく、人間がそうすることは義務であるという見解である。倫理的雑食主義［ethical omnivorism］（あるいは同情的肉食主義［compassionate carnivorism］）は、動物が人道的に扱われる限りで動物を食べることは許されるという見解である。」参照、サンドラー，ロナウド・L.（著）馬渕浩二（訳）『食物倫理入門——食べることの倫理学』ナカニシヤ出版，2019 年．p. 98.

【参考文献】

相浦玲子「ディオダーティ荘における集い——恐怖小説の二つの系譜の始まりと、隠された関係」日本シェリー研究センター（編）『The Age of Frankenstein Bicentenary Essays』大阪教育図書，2019 年，pp. 15-30.

安部司『なにを食べたらいいの？』新潮社，2009 年.

畝山智香子『食品添加物はなぜ嫌われるのか　食品情報を「正しく」読み解くリテラシー』化学同人，2020 年.

岡田幹治『アメリカ産牛肉から、食の安全を考える』岩波ブックレット，岩波書店，2007 年.

金丸弘美『食にまつわる 55 の不都合な真実』ディスカヴァー・トゥエンティワン，2018 年.

キャリー，ネッサ（著）中山潤一（訳）『動き始めたゲノム編集　食・医療・生殖の未来はどう変わる？』丸善出版，2020 年.

グプティル，エイミー・コプルトン，デニス・ルーカル，ベッツィ（著）伊藤茂（訳）『食の社会学——パラドクスから考える』NTT 出版，2016 年.

コックス，ピーター（著）浦和かおる（訳）『新版　ぼくが肉を食べないわけ』築地書館，1998 年.

小薮浩二郎（監修）『食品添加物用語の基礎知識　第二版』マガジンランド，2019 年.

鯖田豊之『肉食の思想　ヨーロッパ精神の再発見』中公新書，中央公論新社，1966 年.

シュローサー，エリック（著）楡井浩一（訳）『ファストフードが世界を食いつくす』
　　　草思社，2001 年.
──────『ファストフードと狂牛病』草思社，2002 年.
白井和宏『家族に伝える牛肉問題』光文社ペーパーバックス，光文社，2006 年.
鈴木透『食の実験場アメリカ　ファーストフード帝国のゆくえ』中公新書，中央公論新
　　　社，2019 年.
松永和紀『ゲノム編集食品が変える食の未来』ウェッジ，2020 年.
──────『メディア・バイアス　〜あやしい健康情報とニセ科学〜』光文社新書，光文
　　　社，2011 年.
西沢江美子『あぶない肉』めこん，2006 年.
日経サイエンス編集部（編）『別冊日経サイエンス　食の未来　地中海食からゲノム編
　　　集まで』日経サイエンス社，2017 年.
日経ナショナル ジオグラフィック社（編）『ナショナル ジオグラフィック特別編集ナ
　　　ショジオと考える　地球と食の未来』日経ナショナル ジオグラフィック社，
　　　2016 年.
橋本直樹『食品不安　安全と安心の境界』日本放送出版協会，2007 年.
ウィルソン，ビー（著）高儀進（訳）『食品偽装の歴史』白水社，2009 年.
ロスリング，ハンス・ロスリング，オーラ・ロスリング ロンランド，アンナ（著）上杉周作・
　　　関美和（訳）『FACTFULNESS（ファクトフルネス）10 の思い込みを乗り越え、
　　　データを基に世界を正しく見る習慣』日経 BP，2019 年.
田中宏隆・岡田亜希子・瀬川明秀（著）外村仁（監修）『フードテック革命　世界 700
　　　兆円の新産業　「食」の進化と再定義』日経 BP，2020 年.
福岡伸一『新版　動的平衡　生命はなぜそこに宿るのか』小学館新書，小学館，2017 年.
──────『生命と食』岩波ブックレット，岩波書店，2008 年.
──────『もう牛を食べても安心か』文春新書，2004 年.
ポーラン，マイケル（著）ラッセル秀子（訳）『雑食動物のジレンマ上・下──ある 4
　　　つの食事の自然史』東洋経済新報社，2009 年.
────── 小梨直（訳）『これ、食べていいの？　ハンバーガーから森のなかまで──食
　　　をえらぶ力』河出書房新社，2015 年.
山田正彦『売り渡される食の安全』KADOKAWA，2019 年.

PP.49-51　ワーク 2-②のクイズ解答
1.（デミグラス・ハンバーグ）、2.（牛肉コロッケ）、3.（スーパーの国産牛丼）、4.（ビー
フカレー）、5.（カップ麺の肉うどん）

コラム２

獣医病理学の専門家に質問対話しました！

　「食」肉牛について調べ始めると、膨大な文献に出くわしました。自分なりに中立を心がけながら書籍やウェブで情報収集しようとしました。しかし、美味しい「食」肉牛が食べたい一方で、ウシの気持ちを想うと、わたし自身がこの二項対立するジレンマに頭を抱えてしまうことになりました。そこで、救いを求めて大阪市立自然史博物館外来研究員の獣医師・乾公正先生（病理学）に「食」肉牛の安全について教えていただきました。

わたし：日本で「食」肉牛に関する主な法律は、「カルタヘナ法」「食品衛生法」「食品表示法」ですか？

乾先生：「カルタヘナ法」は遺伝子組み換え生物の国境越えに関する国際法規で、食肉の品質には直接関係しません。この法律は、たとえばクローン牛のような遺伝子組み換え動物を国境越えて出し入れしないことへの規制などがあります。

　　　　「食品衛生法」は、厚生労働省が所管し、動物用医薬品や飼料由来の残留農薬、食肉の微生物や放射線、その他の汚染などを規制・監視するための法律で、食肉にはとても重要な法律です。

　　　　「食品表示法」は、消費者庁が所管し、食品となった食肉が商品として適切に表示され公正に取引されるための法律です。

　　　　もう１つ、大事な法律に「食品安全基本法」があります。内閣府食品安全委員会が所管し、動物用医薬品や飼料由来の残留農薬の ADI（許容１日摂取量）を定める法則です。

わたし：食肉に関する法律が複雑になったのは、「食」肉にするための畜産業の飼育方法が変わったからですか？

乾先生：100年前の牧畜業や食肉マーケットの単純さを思えば、現代は食文化や価値観・倫理観の多様化、流通のグローバル化、畜産業の合理化（肥育・治療・飼料供給）などにともなう社会全体のシステムが複雑になっています。

わたし：いずれ、すべての「食」肉工程が巨大企業に独占される、ということですか？

乾先生：食のシステムは決して特定の大企業が寡占してできるものではなく、生産者、流通、行政、消費者など社会全体がつくり上げて今にいたっていると、私は考えております。商業経済のなかで消費者が質と価格の折り合いを付けながら、スーパーでトレーに入った衛生的な食肉を手軽に買うというシステムを普通に是としている、これを構築しているシステムが昔と比べると複雑なのです。一方で、社会のニーズに合致した活動をする努力が、その企業を発展させるでしょう。

　　　今後、先進国社会の畜産業は、ますます合理化に拍車がかかり、給餌や搾乳、飼育場の清掃などの単純作業や持続的な微生物コントロールを要する単純作業は、AI化が進むと思います。その分、電気エネルギーや水資源などの利用も増すでしょう。恐らく汎用肉は生物工場化、高級肉はブランド化が進むものと思います。

わたし：国内で飼育される「食」肉牛の飼料がトウモロコシなどの輸入に頼っていますが、安全性は確認されていると理解してもよろしいのでしょうか？

乾先生：家畜用飼料に用いられる穀物の残留基準値は農林水産省が定め、さらに現場で濃度を調べる収去検査は独立行政法人 農林水産消費安全技術センターが行っています。

　　　https://www.famic.go.jp/

　　　また、遺伝子組み換え作物については、内閣府食品安全委員会で専門委員会を設け、最新科学に基づきさまざまな検討

を行っています。

　　　https://www.fsc.go.jp/senmon/idensi/

わたし：飼料によって肉質も変わってくるようですが、家畜の品種そ
　　　　のものも変えられているのですか？

乾先生：家畜の品種改良には何世代も交配させています。最近、バイ
　　　　オ技術の向上に伴い遺伝子解析で効率よく交配を成立させる
　　　　ことが可能となってきました。

　　　http://www.nlbc.go.jp/research/iden/idenshiikushu.html

わたし：「食」肉需要に合うように品種改良された家畜を食べても安
　　　　全ですか？

乾先生：この点では、私の専門分野でもあるので、普段から考えてい
　　　　ることを述べたいと思います。世の規範として家畜改良増殖
　　　　法、牛海綿状脳症対策特別措置法、家畜伝染病予防法、と畜
　　　　場法、食品衛生法、食品安全基本法、農薬取締法、ざっと数
　　　　えても食肉業界にはいろいろ複雑に関連する法律がありま
　　　　す。これを、飼料会社、動物医薬品会社、農薬メーカー、牧
　　　　畜業者、流通業者、検査機関、行政など社会全体がこれらを
　　　　遵守してはじめて「食の安全」システムが働きます。食の安
　　　　全にゼロリスクはありません。病原微生物、カビ毒、加工途
　　　　中にできる非意図的汚染物質、残留医薬品や飼料由来の残留
　　　　農薬に加え、食べる側の摂取栄養の偏りや調理途中の食品汚
　　　　染など、健康を脅かす要因はさまざまです。そこで、食品か
　　　　ら得る有益な部分を伸ばし、有害なものを可能な限り小さく
　　　　し、健康な社会を持続・発展させようとするのが食の安全の
　　　　基本政策であり最新科学をベースにしています。ただし、「安
　　　　全」はそのまま「安心」とイコールではありません。安全が
　　　　保障されるプロセスを公開し、それを社会全体が自ら納得し
　　　　て初めて人の心のなかに信頼が醸成されるものと考えていま
　　　　す。この信頼こそが「安心」の源ですよね。

わたし：私たち消費者が「食」肉を安心して安全に、そして安定して食べるためには何が必要でしょうか？

乾先生：まずは、科学の妥当性・再現性の保証、そしてなにより透明性でしょう。賢い消費者は、何が正しいのか自分自身で考え、デマや煽情的な謳い文句などに簡単に乗らないで自己判断する危機管理能力を身につけることが求められます。いろんなものを賢く買って、栄養バランスの良いものを美味しく食べて、元気に長生きすることが理想です。そのためには、食の安全のための啓発を学校の食育で普及するべきと思います。また、内閣府食品安全委員会など地域行政や団体が主催する市民公開講座に私たちが参加するなど、まなぶ機会はたくさんあります。何よりも、私たちが選ぶ「政府」が法律をつくります。だから選挙に行くことが、大切な「食」を守ることにもなるのです。

わたし：当たり前に手に取っていたプラスチック容器上の「食」肉牛を遡ってみることで、"いのち"をいただく重みを実感するようになりました。乾先生の動物に対する想いを教えてください。

乾先生：私の専門は、実験動物を用いた病理学です。そこではラットやマウスなどたくさんの実験用動物の犠牲のもとに、得られたデータを無駄にすることなく、世の中の何かの役に立てたいという想いは何歳になっても止むものではありません。

　動物愛護を求める人たちのなかには、動物の苦痛を自分のものと受け止め動物実験廃止を強く訴えます。私自身にも確かにそういう感覚もあります。そのため、手に取る動物に苦痛を与えないよう、取り扱いには常々気をつけております。さらに、年1回の実験動物慰霊法要では、日ごろ用いる動物たちに心から感謝し、間違いはなかったか、無駄にすることはなかったか、日々増々の精進を誓い、自分自身を強く見直

すこととしております。

　たとえば西洋主導の生物学は、ヒトを頂点にする宗教観に基づく命の格差付けを行いますが、このことに私は強い違和感を持ちます。バクテリアであろうと、シロナガスクジラであろうと、今ここにある命は、地球の歴史と同じ時間を経て地球上に共存していると私は感じます。「高等植物」とか「霊長類」などの呼び方は、人間至上主義の産物であって、人類以外の生物にとっては何の価値も根拠もありません。目に見えないさまざまな無数の命、一つひとつに気を配ることはできませんが、少なくとも自分と共に共存していることを忘れたくないと考えています。

わたし：最後に乾先生の動物に対する想いを知り、"いのち"の価値について問い直すことができました。乾先生に質問することで、私たちの安全な「食」を求めることも大切ですが、私たちが生きるために、さまざまな"いのち"の〈つながり〉があることを知りました。これからは、"いのち"をいただく立場として、賢い消費者になるよう努めたいと思います。ありがとうございました。

＊大阪市立自然史博物館は、自然環境の変遷や歴史・展示・フィールドを含む研究・資料収集だけでなく、市民と共に楽しむ自然観察や調査研究、ワークショップなど幅広い世代に向けた普及活動をしています。ミュージアムショップには、自然をモチーフにした人気のオリジナルグッズが盛りだくさんあります。
自然史博物館ホームページ　http://www.mus-nh.city.osaka.jp/

FOOD for THOUGHT

by Raymond Nakamura

www.raymondsbrain.com

第3章　「食」肉牛の"いのち"について観想

3-1　人間中心主義的な「食」べ方を問い直す

> わたしたちの知るかぎり、ヒューマニズムの危機は人間がすべてと
> なったとき、そこに始まる（フランクル、真行寺訳、1998：150）。[1]

　第1章1-3で紹介した『もし地球が100人の村だったら』を編集した池田香代子が翻訳した『夜と霧』は、著者である精神科医ヴィクトール・E・フランクルが、第二次世界大戦中の強制収容所で自らの極限体験から見出した生きる希望を記しています。上記の引用文は、フランクルが晩年、人間の存在を人間中心に判断するのではなく、また外からの影響から逃避したり被虐するのではなく、苦悩しながらも自らの価値（人格）を確立していくことを論説しています。

　『夜と霧』の語りにあるように、フランクルが飢えと寒さでの苛酷な労働、そして身近に感じる死の恐怖を常に抱えながらも最後まで生きる希望を捨てようとしなかった姿勢は、生きる意味の問い方によるものです。フランクルは、「生きる意味についての問いを百八十度方向転換すること（コペルニクス的転回）[2]」を提案しています。

> わたしたちが生きることからなにを期待するかではなく、むしろひた
> すら、生きることがわたしたちからなにを期待しているかが問題なの
> だ、ということを学び、絶望している人間に伝えねばならない
>
> （フランクル、池田訳、2002：129-130）。

そして、言葉よりも行動や態度によって、正しい答えは出されるとし、

　　生きるとはつまり、生きることの問いに正しく答える義務、生きるこ
　　とが各人に課す課題を果す義務、時々刻々の要請を充たす義務を引き
　　受けることにほかならない（同上、2002：129-130）。

　私たちの日常生活、ただ受動的に生きるのではなく、また能動的に人間
中心に生きるのではなく、自分の生に向き合い、今ここで自分は生きるこ
とから何を求められているか、立ち止まって考える、ということです。"い
のち"をいただくことが、どのようなことかを知ってみると、複雑な気持
ちになる可能性はあります。もちろん、全く気にしない人もいるでしょう。
ここでは、フランクルのコペルニクス的転回という視点で「生きること」
を「食」肉牛の食べ方に置き換えて、その意味について観想してみましょ
う。

　　私たちが「食」肉牛の食べ方からなにを期待するかではなく、むしろ
　　ひたすら、「食」肉牛の食べ方が私たちからなにを期待しているかが
　　問題なのだ。ということを学び、絶望している人間に伝えねばならな
　　い。

　　「食」肉牛の食べ方はつまり、「食」肉牛の食べ方の問いに正しく答え
　　る義務、「食」肉牛の食べ方が各人に課す課題を果す義務、時々刻々
　　の要請を充たす義務を引き受けることにほかならない。

　いかがでしょうか。「食」べ方は、私たちが生きるための所作です。しか
し、私たちは人間の「食」のために人間を中心にして、「食」肉になる生き
ものの"いのち"を意識することはなく消費しています。フランクルのテー
マ「生きること」に、本書の「食」肉牛の食べ方を置き換えて、コペルニク
ス的転回で考えてみると、これまで白いトレイに並べられた赤々とした牛

肉の切り身とは異なり、“いのち”あるウシの姿が目に浮かびます。

　人間である私たちが、自分たちの食欲を満たすために「食」する姿は、弱肉強食そのものです。そして、人間の嗜好に合わせて技術を駆使すると、その見返りに高値が付きます。効率と利益を最優先する産業用「食」肉工場（工業畜産と屠畜）が、消費者のニーズに貢献しているようにも見えます。生きものの“いのち”を顧みず、むしろ、産業用「食」肉動物には“いのち”の価値すらないように、大量生産・消費・廃棄の規模が拡大し続けています。このような、「食」の工業化は、和食が歴史的に受け継ぐべき真の文化・伝統・ライフスタイルから逆行しています。

　私たちが当たり前のように生活する日常では、「食」肉牛（ウシ）がどのように飼養されているのかは身近ではありません。みなさんが、「食」肉牛（ギュウ）を買うとき、そのウシの飼育状況を想像しながら買いますか。ほとんどの場合、商品（＝モノ）として買うでしょう。「食」のウェルビーイング（Well-being）とは、人間中心の利益優先ではなく、この地球上の生態系を維持するために、すべての生きものがそれぞれ生まれもった習性や感性を営めるように、そして苦痛を与えることは避けるべきです。産業用「食」肉動物は生きものであることを念頭に、この章では私たちの「食」を観想します。

　次のワーク3-①では、「食」肉牛のライフサイクル（生涯周期）をイメージしてみましょう。

ワーク3-①　「食」肉牛のライフサイクル（生涯周期）をイメージして描いてみましょう。

誕生＿＿＿＿＿＿＿＿＿＿＿＿＿＿＿＿＿＿＿＿＿＿＿＿＿死
（　　才）　　　　　　　　　　　　　　　　　　（　　才）

3-2 「食」肉牛のライフヒストリー『いのちをいただく』

　いつもスーパーで買う「食」肉牛から、そのライフサイクルをイメージできましたか？　ウシの"いのち"をライフサイクル上に想像することは難しいと思います。さらに深く考えてみましょう。みなさんにとって、ウシはどのような存在ですか。2021年は丑年です。日本中の寺社で丑が祭られています。しかし、私たちは干支の丑とスーパーの「食」肉牛を重ね合わせて考えることはあるでしょうか。

　「食」肉牛の一生を知る前に、生きものとしてのウシを知っておきましょう。ウシは哺乳綱鯨偶蹄目ウシ科ウシ亜科の動物で、野生のオーロックス（野生種は1627年に絶滅）が家畜化されました。ウシは、胃が4つある反芻動物で牧草を食べます。一般的に牛の寿命は20年ぐらいです。日本人とウシの歴史は紀元前にさかのぼると伝えられています（天然記念物に指定されている山口県の見島牛と鹿児島県の口之島牛の2種類のみが外国種の影響を受けていない在来種）。ウシは、農耕や運搬だけでなく神事にも重宝されてきました。ウシが「食」されるようになったのは、明治時代に外国人居留地で牛肉需要が増え、東京に屠場が設けられたのが始まりです。

　「食」肉牛を産む繁殖用雌牛は、生後14カ月から16カ月で初めての人工授精が行われます。ほぼ100％近くが凍結精子を用いた人工授精（1950年家畜改良増殖法）で生まれています。妊娠期間は9カ月で、分娩が終わると3カ月から6カ月以内に次の人工授精が行われます（目標1年1産）。一頭の生涯産子数は8頭ぐらいです。8産以上になると、子牛と繁殖用雌牛の市場価値が低くなります。生まれた子牛は、10カ月から12カ月齢まで育成され（素牛）、市場に出荷（競り落と）され、肥育農家で7カ月ぐらい粗飼料を食べて育ちます。その後、肥育中期から後期の8カ月から20カ月は高カロリーの濃厚飼料を給餌され、筋肉のなかに脂肪がつきます（さし入り霜降り）。一頭の「食」肉牛は、生後2年半から3年未満以内に、体重700kg前後で出荷、屠畜されます。

　出荷された「食」肉牛の屠畜は大きく分けて二通りあります。1つは、一度に大量の牛をガスで工業的に屠畜してオートメーションで解体処理する。もう1つは、人間の手によって一頭ずつ屠畜から精肉までの工程を行います。「食」肉牛の輸出最大国である米国の市場は前者の方法を主に用います。加工食品とファーストフードの需要増大により、「食」肉牛を1日数千頭以上を加工する巨大食肉処理工場が、従来の小規模畜産農家を寡占してきました。そして現在、米国の農畜産業は巨大食肉企業が、飼育から屠畜、解体処理、精肉、小売りなどの各段階を低いコストで効率を重視した（ジャスト・イン・タイム）製品供給網（サプライチェーン）によって独占化しています。日本が輸入する「食」肉牛や加工食品の半数以上が米国から輸入されているため、私たちが産業用「食」肉工場の工程で商品化された「食」肉牛を口にすることは避けられない事実です。後者の屠場（近年の食肉センター）で1日に処理できる「食」肉牛は、数頭のみです。屠畜は専用の銃で頭を打つため、ウシの痛みは一瞬ですが、失敗するとウシが痛みで暴れるために危険をともなう作業になります。

　日本の「食」肉業に関わる屠場は、長い歴史[3]と深い文化[4]があります。大阪府で江戸時代の終わりごろから2011年の最後の屠畜まで7代続いた北出精肉店[5]について紹介します。北出精肉店は代々に渡って家族経営で、仕入れた子牛から育成飼育し、屠畜し、解体から販売をする工程を行ってきました。しかし近年、「食」肉の流通のしくみが変わり、屠畜する牛の数も減ったことで、その工程は畜産農家と食肉センター（全国に約200の屠場があり、大阪は4カ所、全国で1日6,000頭の牛が屠畜）に分業されることになりました。

　これまで北出精肉店は、伝統的に「食」肉牛を一頭ずつハンマーでウシの眉間を打ち、気絶させ、放血から精肉へと「鳴き声以外、捨てるところがない」と丁寧に素早く解体しました。700kgもある一頭の牛を枝肉にするのに40分で手作業します。この工程が丁寧かつ早いほど、肉の鮮度が良いのです。北出さんのお話「生きるとは、いのちをいただくこと」は、「食」を支えるために重要な屠畜だけではなく、歴史的な封建制度によって築かれた

差別・偏見を真正面から受けながらも伝統的な屠畜を守りぬき、「食」肉牛と共生していたことが語られています。日本の社会では、なぜ私たちが当たり前に「食」する肉について知る機会が少ないのかについても問い直すことは、深いまなびに〈つながり〉ます。

もう1つ、熊本県の食肉センターに勤務する坂本さんのお話を紹介します。下記の絵本の一部をイメージしながら読んでみましょう。

『いのちをいただく』[7]

みいちゃん、ごめんねぇ。
みいちゃん、ごめんねぇ。

「みいちゃんが肉にならんとお正月が来んて、
じいちゃんの言わすけん。
みいちゃんば売らんとみんながくらせんけん。
ごめんねぇ。みいちゃん、ごめんねぇ。」
そういいながら、
一生懸命に牛の腹をさすっていました。
坂本さんは「見なきゃよかった」と思いました。

トラックの運転席から
女の子のおじいちゃんが降りてきて、
坂本さんに頭を下げました。
「坂本さん、みいちゃんは、
この子と一緒に育ちました。
だけん、ずっと、
うちに置いとくつもりでした。
ばってん、みいちゃんば売らんと、
この子にお年玉も、

　クリスマスプレゼントも買ってやれんとです。
　明日は、どうぞ、よろしくお願いします。」

（内田・諸江・佐藤、2009：28-30）

　みいちゃんの屠畜を頼まれた坂本さんは苦悩し、次の日は仕事を休もうとしました。しかし、坂本さんの仕事に理解を示そうとする小学生の息子に背中を押されて、みいちゃんの担当になります。

　みいちゃんのいのちを解く
　そのときがきました。
　坂本さんが、
　「じっとしとけよ、みいちゃん　じっとしとけよ」というと、
　みいちゃんは、ちょっともうごきませんでした。

　その時、みいちゃんの大きな目からなみだがごぼれおちてきました。
　坂本さんは、牛が泣くのを初めて見ました。

　そして、坂本さんが、
　ピストルのような道具を頭にあてると、
　みいちゃんはくずれるようにたおれ、すこしもうごくことはありませんでした。

（2009：46-45；2013：32-36）

　そのときのみいちゃんの涙が、これまで食肉センターに運ばれた動物たちをモノとして扱う食肉解体の仕事をしていた坂本さんの意識を180度変えました。食肉センターに連れてこられた牛のみいちゃんは、女の子にかわいがられて一緒に大きくなりました。女の子にとっては、大切なペットとして、そして家族として。だから、屠畜前に坂本さんになついてきたみいちゃんにかわいいと感じ、この女の子がしていたようにお腹を撫でたのでした。坂本さんは、それまで運ばれてきた「食」肉牛に対して抱くことの

なかった感情を、初めてみいちゃんから得たのでした（第5章のコンパッション）。坂本さんは、みいちゃんと出会った後、私たちの「食」生活に欠かせない食肉解体作業員の仕事が、歴史的に目を背けられたことについて正しい理解を大人に、そして“いのち”の尊さと社会はいろんな仕事で成り立っていることを子どもたちに伝える活動を開始しました（2013：44）。

　私たちが当たり前のように、見た目は美しく切り身にされてパックに入った「食」肉を買いますが、「食」肉牛の“いのち”や「食」肉にするまでの仕事の重要性について認識しているでしょうか。おそらく、無関心のまま「食」肉ウシをモノとして消費しています。それゆえに食肉解体作業の仕事が、私たちの生活に欠かせない職業であっても、歴史的に封建的な身分制度、そして現代においては動物愛護の観点からも差別・偏見が絶えないことに私たちは気づいていないことが多いです。しかし、なぜこのような差別・偏見が存在するのかに立ち止まって、その根底を探ってみると、それは個人の偏った思い込み／先入観が偏見や差別意識に膨張し、歴史的に法律制定までにエスカレートしていたことが認識できます。それにしても、「食」肉牛の“いのち”はどこに葬られているのでしょうか。私たちの“いのち”に生きているのです。

3-3　アニマルウェルフェアについて

アニマルウェルフェアとは

近年、アニマルウェルフェア[8]という言葉を耳にするようになりました。

　アニマルウェルフェアは日本で「動物福祉」や「家畜福祉」と訳されています。農林水産省は、加盟する国際獣疫事務局（OIE）の勧告から「アニマルウェルフェアとは、動物の生活とその死に関わる環境と関連する動物の心理的・心的状態」と定義しています。そして、「家畜を快適な環境下で飼養することにより、家畜のストレスや疫病を減らすことが重要であり、結果として、生産性の向上や安全な畜産物の生産につながる」という考えを踏まえ、家畜の飼養管理の普及に取りかかろうとしています。つまり、私

たちが「食」する家畜（産業用動物）をアニマルウェルフェアによって「快適性に配慮した家畜の飼育管理」していこうとしているのです[9]。

　アニマルウェルフェアという考えは、もともと1960年代に英国で家畜動物の劣悪な飼育管理を批判したルース・ハリソンの『アニマル・マシーン』[10]（1964年初版の序文はレイチェル・カーソン書）が世間の関心を引き、英国政府を動かした背景があります。ハリソンがこのなかで訴えたことの一つ、「動物にも苦痛はある」ことを証明した研究は、それまでの家畜動物に対する人間の見方を変えるものでもありました。日本でも1973年、動物愛護法として「動物の保護及び管理に関する法律」が制定されました。1999年、現在の法律の前身になる「動物の愛護及び管理に関する法律」に名称を変更し、2005年、2012年には改正がありました。主に、動物取扱業の適正化、虐待や遺棄に関する定義の改正、実験動物に対する配慮の追

5つの自由　（The Five Freedoms for Animal）

①飢え・渇きからの自由

　（*Freedom from Hunger and Thirst*）

②痛み・負傷・病気からの自由

　（*Freedom from Pain, Injury or Disease*）

③恐怖・抑圧からの自由

　（*Freedom from Fear and Distress*）

④不快からの自由

　（*Freedom from Discomfort*）

⑤本来の行動がとれる自由

　（*Freedom to Express Normal Behaviour*）

出典：環境省
https://env.go.jp/nature/dobutsu/aigo/2_data/pamph/h2708a/pdf/02.pdf

加、終生飼養の責務が加えられました。2020年から段階的に「新・動物愛護法」が施行され、犬猫販売の8週齢規制やマイクロチップ装着の義務化、動物虐待の罰則規定[11]の強化があげられます。今回の改正は、ペットブームで無理な繁殖から売れ残り、また飼い主の無責任な飼養放棄による犬猫の殺処分が社会問題になっているためです。実際に、この法律改正によって、2015年8万匹近くの犬猫殺処分数が半減しています。また、殺処分数0（ゼロ）を目指す自治体・NPOは増加しています。

　ヨーロッパ発のアニマルウェルフェアは、動物の立場にたち、人間が動物に対して与える痛みや苦痛を最小限に抑え、動物の「生活の質（Quality of Life）」を高めようとする考えです。前頁に示す5つの自由が満たされているかどうかを基準にしています。

家畜のアニマルウェルフェア

　アニマルウェルフェア（それぞれの動物が生まれ持った習性を享受できる状態）を保つために、5つの自由⑤は、家畜が自ら困難なく立つ・寝る／休む・向きを変える・毛繕いする・手足を伸ばすことができ、家畜同士が接触・舐め合いができるなどの社会性・親和性を保つ行動ができる環境を維持することを明示しています[12]。バーバラ・キングは、さまざまな科学的な研究や酪農家から「ウシたちには主体的感覚性がある[13]」と述べています。「食」肉牛を含む人間のために飼育されているウシたちの行動から、個性、知性、人間だけでなくウシ同士の社会が豊かであることを指摘しています（2020：151-176）。

　近年、EU主導でアニマルウェルフェアが北米・豪州にも浸透しています。日本では、政府（農林水産省）が主導を取っているとは言い難く、一般社団法人 アニマルウェルフェア畜産協会が現在、国内のアニマルウェルフェアの普及に取り組んでいます。アニマルウェルフェア畜産協会の具体的な活動内容は、畜産関係者・団体との連携・連絡体制、アニマルウェルフェアを実践している畜産関係者・団体・製品に対する認証制度、セミナーや講習会などです。世界動物保健機関・国際獣疫事務局（以下、OIE）

の陸生動物衛生規約第 7 章アニマルウェルフェアに関して、日本政府（農林水産省）が日本語訳を公開していないため、特定非営利活動法人 アニマルライツセンターが、日本語訳[14]を日本の畜産関係者・団体に周知するために公開しています。日本国内では、OIE において肉用牛のアニマルウェルフェア基準が採択されたことで、公益社団法人 畜産技術協会が「アニマルウェルフェアの考え方に対応した肉用牛の飼養管理指針[15]」を作成しており、農林水産省が引用しています（第 6 版、2020 年 3 月）。

　上記の「アニマルウェルフェアの考え方に対応した肉用牛の飼養管理指針」作成にあたって畜産技術協会は、2015 年 3 月に基礎的な実態資料を集めた「肉用牛の飼養実態アンケート調査報告書[16]」を公表しています。この調査は 2014 年度に実施され、肉用牛農家戸数が少ない東京、神奈川、山梨、富山、福井、大阪、奈良、和歌山の都府県を除外した日本全国の「食」肉牛用の飼養農家にアンケート調査票（計 37 問）を 1,000 件に送付し、758 件から回答を得ており（回答率 75.8％）、現状理解の参考になります。

　本書では、アニマルウェルフェアの 5 つの自由にこのアンケートの結果を照らし合わせて考えてみましょう。まず基本事項として、回答した農家が 2011 年に作成された「アニマルウェルフェアの考え方に対応した肉用牛の飼養管理指針」を知っているかどうかについて、「知らない」と答えた農家が 72.4％に上っていることから、アニマルウェルフェア自体の認知度の低さが明らかです。

　下記は、アニマルウェルフェアの 5 つの自由から実態調査を考察してみました。

①飢え・渇きからの自由

　　　飼料は 99.1％の農家で発育段階等に応じて給与されている。

　　　ほとんどの農家で飲食はできているが、数％は実施できていない。

②痛み・負傷・病気からの自由

　　　「牛の怪我や疾病が発生した場合、迅速な治療等を行っています

か」には90.5％が「行っている」回答。しかし、「蹄病予防等の
ために削蹄を行っていますか」には81.4％が「行っている」で、
予防が徹底されていない。

③恐怖・抑圧からの自由

　　外科的処置について、除角は59.5％で実施されているが、処置に
麻酔を使用していない農家が79.4％にも上る。麻酔を使用して
いる農家は17.3％のみ。鼻輪の装着は76.1％。また、86.7％の農
家で肉質を良くするために去勢を実施、外科手術によるものが
70.5％、無血去勢法が21.9％、ゴムリングによる去勢が6.7％。

④不快からの自由

　　温度について、暑熱対策は92.8％、寒冷対策は86.3％が実施。
湿度・照度について空調設備・照明設備等では「定期的に点検・
整備を行っている」と回答した農家は18.2％に留まる。

⑤本来の行動がとれる自由

　　飼養方法は群飼が63％であるが、20.4％が単飼、10.2％が繋ぎ飼
（ロープ）、1.7％が繋ぎ飼（チェーン）の回答。また「身繕いで
きる器具やブラッシングする機会はありますか」という問いには、
47.2％もの農家が「ない。ブラッシングも出荷等の特別な時にし
かしない」と回答。

　最後の設問37で、「将来的に農場での飼養管理を考える際に、アニマ
ルウェルフェアを検討する必要があると思いますか」に対し、「はい」が
64.8％、「いいえ」が26.4％、「無回答」が8.8％です。「いいえ」と「無回答」
を合わせた35.2％は、アニマルウェルフェアを積極的に配慮しようとして
いません。

　以上のアンケート結果から、日本の「食」肉牛のアニマルウェルフェア
が満たされているとは理解し難いです。それには、各畜産農家の動物に対

する根強い認識の違いがあります。「食」肉ウシを集中管理し、肉質を向上させることを中心にする工業的畜産を変えるためには、農林水産省が主導になって、アニマルウェルフェアに対する共通認識や改善策を具体的に畜産農家だけでなく社会全体に周知・啓発させることが重要です。2020年10月、ようやく農林水産省生産局畜産部畜産振興課は「アニマルウェルフェアに配慮した家畜の飼養管理等」を発信しています。[17]

これからの「食」肉牛の倫理

　私たちが義務教育を受けてきた間に、どれほど「食」についてまなんできたでしょうか。文部科学省の学習指導要領によると、小学校4年生から中学3年生まで各学年、年間1015時間という膨大な時間をかけて国語・算数／数学・理科／科学・社会・英語、それらに加えて体育・家庭科・芸術・総合学習・道徳などの副教科を学びます。それらの学びのなかで、実生活に関連したまなびはどれだけあるでしょうか。第2章と本章では、「食」肉牛のみに焦点をあてて考えてきましたが、第1章で比較した2つの学びを振り返ってみましょう。私たちのなかで近代化型学校教育＝工業的教育を受けていたら、ウシの工業的畜産と類似している点は多々ありそうです。

　枝廣淳子が指摘するように「新技術が突きぬける倫理の問題」[18]を私たちは今後、避けることはできないでしょう（2018：66-67）。早く安く大量に「食」肉牛を得るために、品種改良・遺伝子組み換え（クローンも含めて）、そして動物を巨大にするゲノム編集などが「食」肉産業の主流になるでしょう。すでに自然に育った動物を口にすることが不可能な時代になっているのです。未知の科学で飼養されている動物は、充分な臨床結果を待たずに市場に出るため、ゲノム編集などの表示義務なしでは「食」肉牛の中身は不透明のままです。

　工業畜産施設はコストを最小限に生産を最大限にしますが、一頭一頭に対する"いのち"と向き合うことはありません。しかし、飼養から精肉までの工程をすべて家族で経営していた北出さんは、一頭一頭の牛の性格を理解して説明することができます。「肉質としては、おとなしいゆったりした

牛の方が肉質がいい。いつもイライラして目が落ち着かない神経質な牛というのは、肉質もよくできないというのは経験にあるな。[19]」(2013：34)。米国カリフォルニア州でフランス料理のシェフであるダン・バーバーも「食」肉の飼養環境がストレス・フリーに近いほど肉質が良くなることを実感しています[20](2015：223)。つまり、「食」肉用動物のアニマルウェルフェアを遵守することは、結果的に良質の「食」肉を人間は得ることができるのです。

　北出さんの屠場では「食」肉牛の "いのち" をいただくときに特殊なハンマーを眉間に、食肉センターの坂本さんはピストルを頭に精神統一して打ちます。その一瞬が一発で済まないと、牛は苦しみのあまり暴れるからです。同時に、作業している人の "いのち" にもかかわります。この一対一の "いのち" のやり取りは、先住民や山の民であるマタギのブッパ(射手)が[21]山の動物を射止める瞬間に似ています。互いの "いのち" が交差するやり取りが "いのち" をいただく儀式そのものなのです。

ワーク 3-②　自分らしい食べ方について、自己の変容チェックをしてみましょう。

これまでの食べ方で気づいた点：

これからの食べ方で変わる点：

他にも「食」について自らが問い直した点など：

【注】

1 フランクル，ヴィクトール（著）真行寺功（訳）『苦悩の存在論──ニヒリズムの根本問題』新泉社，1972 年（第 1 版），1998 年（新版）.

2 ────（著）池田香代子（訳）『夜と霧』みすず書房，2002 年（新版）.

3 桜井厚・岸衞（編）『屠場文化──語られなかった世界』創土社，2001 年.

4 中島久恵『モノになる動物のからだ──骨・血・筋・臓器の利用史』批評社，2005 年.

5 本橋成一（写真＋文）『うちは精肉店』農山漁村文化協会，2013 年.
  北出精肉店の映像：『ある精肉店のはなし』（日：2013）

6 森達也『いのちの食べかた』イースト・プレス，2011 年.

7 坂本義喜（企画・原案）・魚戸おさむとゆかいななかまたち（著）『絵本　いのちをいただく──みいちゃんがお肉になる日』講談社，2013 年.
  内田美智子・諸江和美（絵）・佐藤剛史（監修）『いのちをいただく』西日本新聞社，2009 年.

8 https://www.legacyforanimals.com

9 農林水産省　https://www.maff.go.jp/j/chikusan/sinko/animal_welfare.html

10 ハリソン，ルース（著）橋本明子・山本貞夫・三浦和彦（共訳）『アニマル・マシーン──近代畜産にみる悲劇の主役たち』講談社，1979 年.

11 一番重い罰則の変更は、「愛護動物をみだりに殺し、または傷付けた者」に対して「2 年以下の懲役または 200 万円以下の罰金」から「5 年以下の懲役または 500 万円以下の罰金」に引き上げられた。

12 米国にはカウ コンフォート（Cow Comfort）という考え方があり、牛に快適な環境を用意して生産性を高める意味がある。

13 キング，バーバラ．J.（著）須部宗生（訳）『私たちが食べる──動物の命と心』緑書房，2020 年.

14 https://arcj.org/issues/animal-welfare/oie7-1-animal-welfare/

15 公益社団法人　畜産技術協会
  http://jlta.lin.gr.jp/report/animalwelfare/R01/cattle_awguideline_the5edition.pdf

16 http://jlta.lin.gr.jp/report/animalwelfare/H26/factual_investigation_beef_h26.pdf

17 https://www.maff.go.jp/j/chikusan/sinko/attach/pdf/aw_meguji.pdf

18 枝廣淳子『アニマルウェルフェアとは何か──倫理的消費と食の安全』岩波ブックレット，岩波書店，2018 年.

19 前掲注 5 に同じ。

20 バーバー，ダン（著）小坂恵理（訳）『食の未来のためのフィールドノート──「第三の皿」をめざして　㊤土と大地』NTT 出版，2015 年.

21 マタギは、東北地方から北海道、北関東、甲信越地方の山岳地帯で伝統的な方法を用いて集団で狩猟する人を指す。発祥は秋田県、起源は 1 千年以上も前と伝わる。

参照、田中康弘『ニッポンの肉食——マタギから食肉処理施設まで』ちくまプリマー新書，筑摩書房，2017 年．

【参考文献】————————————————————————

生田武志『いのちへの礼儀』筑摩書房，2019 年．

内澤旬子『世界屠畜紀行』解放出版社，2007 年．

カーソン，レイチェル（著）青樹簗一（訳）『沈黙の春』新潮社，1974 年．

シンガー，ピーター（著）戸田清（訳）『動物の解放　改訂版』人文書院，2011 年．

鈴木文『旅するパティシエの世界のおやつ』ワニブックス，2018 年．

橋本直樹『食べることをどう考えるのか——現代を生きる食の倫理』筑摩書房，2018 年．

テイラー，スナウラ（著）今津有梨（訳）『荷を引く獣たち——動物の解放と障害者の解放』
　　　　洛北出版，2020 年．

レステル，ドミニク（著）大辻都（訳）『肉食の哲学』左右社，2020 年．

【参考映画】

『Steak（R）evolution 肉の常識がひっくりかえる。』（仏：2014）

『The Moo Man』（英：2013）

『フード・インク』（米：2008）

『いのちの食べかた』（独・豪：2005）

コラム3

わたしの旅　イスラエル・キブツの生活での気づき

　バブル期に大学生だったわたしは、アルバイトで資金を貯めては長期休暇中にバックパッカーとして旅をしました。今となっては、貴重なまなびを旅から得たと思います。旅をする前に必ずチェックしたことがあります。その1つは、旅する国々の「食」×宗教でした。典型的な例が、イスラム教の国では豚を食べない（不浄のため）、ヒンズー教では牛を食べない（神聖のため）、そして、ユダヤ教の食のタブーを知ることなどです。

　ちょうど二十歳になった夏休みをフルに活用して、北半球一周の旅をしました。そのうちの1カ国がイスラエルでした。ちょうど大学入学前に観たドキュメンタリーのなかで、キブツの子育てに興味があったからです。キブツは20世紀初頭から1948年イスラエル建国前に世界中からパレスチナに渡ったユダヤ人たちが開拓した生活共同体です（1980年代頃から数の減少や子育て、職業、貯蓄など生活様式の転換はあるが、2016年現在、300近くのキブツが存在）。日常生活に必要な衣食住・労働・医療などはすべて共同体で整います。それらの運営は男女平等（イスラエルには男女共に徴兵制がある）、何もかもが生活者の自治によって決められます。子育ても、生後数カ月過ぎると親元から離れて"子どもの家"で育ちます。子どもはキブツ全体で育てることが国家形成になる、という教育観です。わたしはこのユートピアのような子育てを自分の目で確かめたく、イスラエルのキブツに行ってみることにしました。もちろん、生活を体験しながら子育てを観察する目的（エスノグラフィー）だったので、旅行者としてではなくボランティアの労働者になりました。事前に東京のイスラエル大使館に問い合わせて、わたしはシリア国境近くにある200人規模のキブツに滞在することになりました。

安息日の前日にハッラー（写真右側のパン）を買う正統派ユダヤ人
写真提供：鈴木英嗣氏

　キブツの食卓に関わる仕事は、農作物を育てる人、家畜を飼育する人、料理する人、後片付けや掃除をする人など、すべてがキブツのメンバーによって分担労働されます。そのなかには、海外からのボランティア（特に高校卒業後の欧米からの若者）もいました。ボランティアの労働では、単純作業から数カ月かけて、さまざまな職種を経験します。

　わたしが経験した最初の仕事は皿洗いでした。その作業で、ユダヤ教のカシュルートという食物の清浄規定をまなびました。まず、食事の皿が 2 種類あることに気づきました。同じ大きさの大皿に青と緑の印があること。これは、一緒に皿の上に盛ってはいけない食材があるためだとキブツのメンバーに教わりました。そのため、キブツ内の食堂・各個人の台所には、この 2 種類の食器を別々に収納する棚がありました。ユダヤ教では、食べてもよいもの（コーシャ）／食べてはいけないものが厳格に区別されているのです（旧約聖書レビ記 10：11）。食べてはいけないものは、「反芻しない、蹄が分かれていないもの」「水中に棲むヒレや鱗を持たないもの」「血液」です。たとえば、豚・ウサギ・馬・イカ・タコ・エビ・カニなどです。また、宗教上適切な処理がショヘートという屠畜専門家とマシュギアという検査員によって施されていない肉や、乳製品と肉料理の組み合わせも食べられません。

　ユダヤ教を信仰する家庭では、カシュルートに則った食材を料理し（加工食品はコーシャ認定マークをチェック要）、律法に規定された作

法に基づいて食事をします。また、敬虔なユダヤ教徒は金曜日の日没から土曜日の日没までの安息日であるサバスに労働はしません（家事などの労働も一切しない）。よって、安息日に食べる料理を金曜日の日没までに準備する必要があります。そして安息日を迎える前夜、シナゴーグ（ユダヤ教会）から戻って家族そろってお祈りをした後、特別な料理をいただきます。その定番料理がチキンや魚の団子スープ、ホレントやチョレントなどの肉と野菜の煮込み料理と白パンの食事です。

イスラエルでキブツに滞在した数年後、北米やヨーロッパでユダヤ人家庭に招かれることがあり、同様のカシュルートが各家庭に存在していることを再確認しました。ユダヤ教には「食」と宗教の強いつながりが現在においても世界中のユダヤ人の生き方に根付いているのです。

第4章 「食」は木、SDGs は森

4-1 SDGsとは？

　第4章では、SDGs を指針にして私たちの「食」について考えてみましょう。まずは、ワーク4-①で質問をします。正直に答えてください。

ワーク4-①　SDGs について知っていますか？　どちらかに○をつけてください。

Yes　／　No

　私たちが SDGs が何なのかを、知っているか知っていないかで、未来に対する意識が変わる可能性はあります。SDGs とは、Sustainable Development Goals（持続可能な開発目標）の略です。持続可能な開発とは、3つの要素である環境保護・社会的包摂（人権尊重）・経済開発の調和を指します。これは、国際連合（以下、国連）が加盟国 193 カ国と 2030 年までに達成を目指す 17 の国際目標「持続可能な開発のための 2030 アジェンダ」で、169 のターゲットと 232 の指標が決められています。

　現在にいたっても、地球規模の課題や問題が多くあります。それらの課題や問題は、国や企業、そして個人だけでは解決できない地球規模の〈つながり〉が絡みあっています。ゆえに、〈つながり〉を分断させることなく官産民が協働して、これらの課題や問題をローカルからグローバルに取り組む必要があります。その特徴として SDGs 実施の主要原則を示します。

84

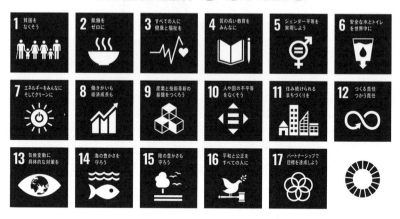

SDGs ロゴおよび 17 の SDGs アイコン

＊普遍性　（先進国を含め、すべての国が行動）

＊包摂性　（人間の安全保障の理念を反映し「誰一人取り残さない」）

＊参画型　（すべてのステークホルダー[2]が役割を）

＊統合性　（社会・経済・環境に統合的に取り組む）

＊透明性と説明責任　（定期的にフォローアップ）

出典：農林水産省 https://ww.maff.go.jp/j/shokusan/sdgs/about_sdgs.html

この 17 の目標を 5 つの P で明確化すると、

（1）　People（人間）：

　　　すべての人の人権が尊重され、尊厳をもち、平等に、潜在能力を発揮できるようにする。貧困と飢餓を終わらせ、ジェンダー平等を達成し、すべての人に教育、水と衛生、健康的な生活を保障する。

（2）　Planet（地球）：

　　責任ある消費と生産、天然資源の持続可能な管理、気候変動への
　　緊急な対応などを通して、地球を破壊から守る。
(3)　Prosperity（豊かさ）：
　　すべての人が豊かで充実した生活を送れるようにし、自然と調和
　　する経済、社会、技術の進展を確保する。
(4)　Peace（平和）：
　　平和、公正で、恐怖と暴力のない、インクルーシブな（すべての
　　人が受け入れられ参加できる）世界をめざす。
(5)　Partnership（パートナーシップ）：
　　政府、民間セクター、市民社会、国連機関を含む多様な関係者が
　　参加する、グローバルなパートナーシップにより実現をめざす。

出典：公益財団法人　日本ユニセフ協会 https://www.unicef.or.jp/sdgs/concept.html

　もともと SDGs は 2014 年の国連総会で、MDGs（ミレニアム開発目標：
2000 年に採択された「国連ミレニアム宣言」を基にまとめられた国際社会
共通の目標）から残された課題が引き継がれています。両者間の特徴的な
変化は、MDGs では先進国が後進国をリードしていたものが、SDGs では
先進国も含めた当事者同士の目標になったことです。そして SDGs には、
新しく経済（目標 7）・環境（目標 12）・平和（目標 16）が追加されました。
　すでに SDGs の内容を先行して教育現場で実践されている ESD（Educa-
tion for Sustainable Development：持続可能な開発のための教育）があり
ます。ESD は、2005-2014 年を「国連持続可能な開発のための教育の 10 年
（以下、国連 ESD の 10 年）」として採択され、ユネスコが ESD の主導機関
に指名されました。そして、各国がユネスコ提案の国際実施計画案に沿っ
て実施措置が取られた経緯があります。その 1 つに、ESD の拠点としてユ
ネスコスクールを推進し、日本国内では 2005 年に 19 校が、2015 年には
1000 校を超えました。また、ユネスコスクール以外の教育機関や民間にお
いても ESD の実践が取り組まれています。

　2012 年にブラジル・リオデジャネイロで開催された国連持続可能な開発会議では、2014 年度以降も ESD を継続推進することが強調されました。そして 2013 年、第 37 回ユネスコ総会において、国連 ESD の 10 年の後継プログラム「ESD に関するグローバル・アクション・プログラム（GAP）」が採択されました。

　ESD の特徴は、教育を通じて持続可能な価値観、行動、生活様式を育む学習や活動です。ESD の実施には 2 つの観点を求めています。

　　○人格の発達や、自律心、判断力、責任感などの人間性を育むこと
　　○他人との関係性、社会との関係性、自然環境との関係性の中で生き
　　　ており、「関わり」、「つながり」（本書で示す〈つながり〉の意味）
　　　を尊重できる個人を育むこと

出典：文部科学省 我が国における「国連持続可能な開発のための教育 10 年」実施計画

　ESD は SDGs の 17 分野を網羅しており、ESD から SDGs の各分野を学習したり活動することが可能です。特に、SDGs の目標 4［質の高い教育をみんなに］の 4.3「すべての学習者が、持続可能な開発を促進するために必要な知識及び技術を習得できるようにする」ことは、まさに ESD の実践しているところです。

　プラネタリー・バウンダリー（地球の限界[3]）は、地球が抱える問題解決に一刻の猶予もありません。地球温暖化により、北極海や南極大陸の氷河は溶けて呻き声をあげながら崩れています。海水が上昇し、人間を含む島々の生きものが棲む場所を失っています。海中では、珊瑚礁が白化し、海水の成分が変化して海洋生物も行き場を失っています。世界中の都会に建てられた高層ビルからは、大気汚染で窓の外が見えなくなる日が増えています。美しく多様な動植物が生活していたジャングルでは、年々、森林火災が多くなり、砂漠化したところもあります。

　SDGsの特徴は、世界全体が対等かつ公正な関係で、各国が他国と〈つながり〉を保ちながら、協働してプラネタリー・バウンダリーを問い直し、それぞれの立ち位置から行動を促すための目標を明示しています。お互いの立場を超えてSDGsを推進し、一人ひとりに浸透させるために経済・社会・自然という生態系に、官産民の連携した協働が持続可能な開発へと導きます。

　2019年パリ協定では、世界中の若者たちが地球の危機に向き合うために〈つながり〉始めました。未来に持続可能な社会を引き継ぐためには、1人よりも協働することが重要であること。若者たちが、地球の裏で起こっていることは、他人ごとではなく、自分ごとであることに気づき、大人たちよりも先に足元から行動しているのです。

4-2　「食」× SDGs目標2

　SDGsの17分野のなかで、「食」に関する直接的な目標は2［飢餓をゼロに］です（Appendix 参照、SDGs新訳[4]）。ここでは、私たちの「食」の現状とSDGs目標2のターゲットに関連させて問い直します。SDGsの2030年までに達成すべき時間はあと10年（2021年からカウント）、地球全体で取り組もうとしている持続可能な開発目標は、私たちの日常生活からハードルが高そうに思えます。しかし、17の目標、一つひとつに明示されている169のターゲットと232の指標をクリアしていくかどうかは、私たちの日々の行動次第です。まさに、本書の第1章で紹介したThink Global, Act Localなのです。

　SDGs目標2
　［飢餓を終わらせ、食料の安定確保と栄養状態の改善を実現し、持続可能な農業を促進する］

　2.1：2030年までに、飢餓をなくし、すべての人々、特に貧困層や乳

　幼児を含む状況の変化の影響を受けやすい人々が、安全で栄養のある十分な食料を1年を通して得られるようにする。

　世界人口77億人（2019年現在）の9人に1人（8億2100万人）が飢餓に苦しんでいます。毎年、世界で食糧生産40億tの三分の一を占める食料廃棄物が13億tもあります[5]。これは、食料廃棄物を出さない、食料の配分について一人ひとりが意識すれば、飢餓を軽減することができます。特に日本は、先進国のなかでも食品ロスが多く、年間約645万tを排出しています（2016年農林水産省の推定）。これは日本だけでEU全体の食品ロスに匹敵し、1人当たり年間約50kgも棄てていることになります。

　その一方で、2020年厚生労働省が発表した「2019年国民生活基礎調査」によると、日本の子ども（17歳以下）の貧困率が13.5％[6]、7人に1人が貧困状態にいることになります。これは先進国（G7）のなかで最も高く、子どもを取り巻く日本社会の格差を浮き彫りにしています。国内で食品ロスが問題視されていることに対極して、休校中は栄養のバランスが摂れた給食を受けることができず空腹に耐えている子どもが存在しているのです。そのような子どもや家庭を減らすためには、官産民からの支援が届くように、地域社会でフードバンクや子ども食堂／親子食堂の公設が早急に求められています。

　2.2　2030年までに、あらゆる形態の栄養不良を解消し、成長期の女子、妊婦・授乳婦、高齢者の栄養ニーズに対処する。2025年までに5歳未満の子どもの発育阻害や消耗性疾患について国際的に合意した目標を達成する。

　世界的に先進国の出生率は1970年代の第2次ベビーブーム以降、低下しています。日本の場合、1.36人[7]と低迷が続いています（過去最低は2005年1.26人）。社会的弱者になりやすい子ども、高齢者、女性は、経済や社会的な状況が困窮すると、「食」に影響します。特に栄養価の高い「食」肉牛は、

鶏や豚と比べて価格が高いために、食材に選ばない事情があります。日本はGDPの高さから、社会的弱者の「食」はなおざりにされています。経済成長を求めすぎて、社会的弱者の生活が見えないまま「食」の格差は広がっています。

2020年ノーベル平和賞を受賞した国連世界食糧計画（WFP）は、1961年に「飢餓のない世界」をめざして設立され、紛争や被災地などでの食料支給、学校給食の支援、食育の啓発を行っています。しかし、2020年は新型コロナウィルス感染症（COVID-19）によって食料の輸送が滞り、さらに飢餓が深刻化して供給網の模索が続いています。食料不安は紛争を生み、そして飢餓が別の紛争に拡大する悪循環になります。WEPは、新型コロナウィルス感染症（COVID-19）のワクチン開発前に少しでも栄養が摂取できるように、食料を届けることで"いのち"をつなぐ活動を実施しているのです。

2.3　2030年までに、土地、その他の生産資源や投入財、知識、金融サービス、市場、高付加価値化や農業以外の就業の機会に確実・平等にアクセスできるようにすることなどにより、小規模食料生産者、特に女性や先住民、家族経営の農家・牧畜家・漁家の生産性と所得を倍増させる。

日本では第一次産業に従事する人口が急激に減っています（第1章、1-3参照）。そのような状況の下、経済の自由化が進められ国内外の民間企業の参入により、第一次産業従事者や小規模生産者の減少の加速は避けられません。実際、女性、先住民、家族経営の第一次産業従事者の所得を倍増させるためには、政府は支援の外にも、日本社会にある職業格差、さらにその根底に温存する人権差別という弊害を取り除く必要があります。

日本の先住民であるアイヌ民族は、1997年に「アイヌ文化の振興並びにアイヌの伝統等に関する知識の普及および啓発に関する法律」の施行（1899年から続いた「北海道旧土人保護法」廃止）から、ようやく2019年にアイ

ヌ民族を先住民と認めて明記した「アイヌの人々の誇りが尊重される社会を実現するための施策の推進に関する法律」が成立しました。しかし、いまだに漁業権など、アイヌ民族の伝統的な食料狩猟の権利は奪われたままです。特に「食」肉に関しては、アイヌ民族独自の狩猟文化があります。日本の法律では、このような民族の伝統を考慮した概念は受け入れられていません。SDGs が国際的な規範であることは、国内の女性、先住民、第一次産業従事者家族に対する偏見をなくすために、これまで知ること／知らされることのなかった事実を啓発する必要があります。

　SDGs の目標である経済・社会・環境を維持させるためには、「食」・人・農（自然）が見える範囲で、安心・安全・安定（3安）を確保するために地産地消を支援する小規模食糧生産を見直すべきでしょう。そのためにも多様性のある協働が公正にローカルレベルで実施できる経済・社会・環境の整備が求められます。

　2.4　2030 年までに、持続可能な食料生産システムを確立し、レジリエントな農業を実践する。そのような農業は、生産性の向上や生産量の増大、生態系の維持につながり、気候変動や異常気象、干ばつ、洪水やその他の災害への適応能力を向上させ、着実に土地と土壌の質を改善する。

　近年、日本でも異常気象（特に、地震、洪水や台風）によって、第一次産業は多大なダメージを受けています。それによって、産業を再開できずに廃業する家族経営者も増加しています。今後、国内の生産者と消費者の〈つながり〉を強化することで、安定した「食」の生産×消費を確保する必要があります。

　独自の調査活動を実施するシンクタンクであるマッキンゼーは、気候変動による地球温暖化を少しでも遅らせる気候変動枠組条約 COP21（2015：パリ協定）の 1.5℃目標のシナリオ実現には、生産者だけでなく消費者側も食品ロスの低減の他に動物性タンパク質の少ない食生活への切り替えが必

要になると「食」肉牛生産コストをデータ分析から明示しています[8]。

　今後、開発途上国の人口増加に加えて、「食」の向上にともない「食」肉牛の需要が高まります。家畜の飼養によって引き起こされる環境汚染についても、開発途上国から食料の輸入に頼る先進国は、国際的に公正な規範となるアニマルウェルフェアの道筋をつけておく必要があります。

> **2.5**　**2020 年までに、国、地域、国際レベルで適正に管理・多様化された種子・植物バンクなどを通じて、種子、栽培植物、家畜やその近縁野生種の遺伝的多様性を維持し、国際的合意にもとづき、遺伝資源やそれに関連する伝統的な知識の利用と、利用から生じる利益の公正・公平な配分を促進する。**

　日本政府が 2018 年に種子法を廃止したこと、そして日本は国外から GMO を輸入する大国になっている現状と本指針は対極していることが明白です。

　日本古来の種子や、各農家で伝統的に受け継がれてきた「自家採取」の品質の育成など、地域の気候や土壌に適した品種の開発は、国の支援で各都道府県が公正に管理する必要があります。しかし政府は、生産販売の国際的競争力を高めることを目的に種子法を廃止して民間企業を参入させました。実際に日本の野菜の種子は 9 割が外国産です。種子法廃止によって、これまで守られていた主要農作物（コメ、麦、大豆）の種子が国外から安く輸入される、また国内では民間企業によって GMO 開発が進むことになります。そうなれば、「食」肉牛などの食用動物の飼餌料は、国内産 GMO で作られることになるでしょう。同時に、国内の第一次産業の減少に拍車をかけるでしょう。

　消費者である私たちは、「食」の国内外の動向を含め、正しい情報を知る機会を提供されるべきです。私たちが「食」の〈つながり〉を意識して消費することが重要です。どのような「食」を選択しているのか、“いのち”ある生きものであればその飼養・屠畜工程が倫理的か、そして食品ロスになっ

てはいないか、よく考えて消費することが、賢い消費者です。それは、私た
ち消費者一人ひとりの選択次第です。賢い消費者が増えれば増えるほど、
企業を含む生産販売者側を動かし、持続可能な開発目標に近づくことがで
きるでしょう。

4-3 「食」とSDGsを実践するフィールド

自由学園の「お食事」

今から100年前の1921年、日本初の女性ジャーナリスト羽仁もと子が
夫・吉一と「あたたかい昼食のある学校をつくりたい」と東京に自由学園
を創立しました。自由学園は、1つのキャンパスに幼児生活団、初等部、女
子部中・高等科と男子部中・高等科、そして最高学部（大学教育にあたる
最高学部のみ文部科学省から認可されていない独自のカリキュラム）が集
結した一貫教育の学校です。創立から、学校は第二の家庭と位置付けられ、
「食」を大切にすることが守られています。生徒と教職員のすべてが共に学
園のキャンパス内で「食の循環」を実践し、学んでいます。自由学園の「食
の学び」には三つの一貫性[9]があります（2009：37-39）。

①人間の成長のすべての過程で、段階に応じて学ぶ一貫性。
②自由学園創立の大正時代から現在にいたるまで、時代を越えて続け
て来た一貫性。
③育て、整え、味わい、再び自然に戻すまでの食の循環を学ぶ一貫性。

上記は、「食」を通して「自分自身で食を律する」「成長に応じて食を学ぶ」
「食は社会とつながっている」ことを生活即教育[10]を基本に一人ひとりが習
得することを目的とします。単に自給自足を目的としているのではなく、
自由学園が目指す教育の根底には、「命を育み命をいただくことで食の大
切さに気づき、自律した食生活を営む力を身につけていきます。これはさ
らに、人間の宝刀の自立へとつながります[11]」（2009：3）という理念があり

ます。

　自由学園は、生活即教育をモットーに、創立当時の知識偏重の教育に対抗する「自ら学び考え、実行する力が身につき、人生の土台となるような人間性を育む新しい学校を創りたい」という創立者たちの願いがありました。自由学園設立後の 1903 年には、「よき社会はよき家庭から」を信念に、雑誌『家庭之友』（現在の『婦人之友』）が創刊されています。自由学園は、「食」を通して「自労自給」を実践し、学校生活を第二の家庭として「より良い生き方」を幼児から学生と教職員、そして保護者が共に追求し、社会に発信し続ける学校です。

武蔵野美術大学　関野ゼミ「カレーライスを一から作る」

　探検家であり、医師であり、武蔵野美術大学教授（文化人類学）の関野吉晴[12]が 2015 年度開講したユニークな文化人類学の授業を紹介します。この授業は『カレーライスを一から作る』[13]プロセスから、一人ひとりの履修生がものごとの最初を探り社会を見ることを目的にしています。関野吉晴自身が「グレートジャーニー」（16 年 2 カ月滞在 45 カ国・総移動距離 7 万 2,720km かけて 700 万年前に誕生した人類拡散ルートを当時の方法で移動）でまなんだのは、「当たり前のことが大切」「人を育てるには長い目で人を評価する」ことです。『カレーライスを一から作る』以前には、同大学の学生たちが関わった『海のグレートジャーニーと若者たち―― 4700 キロの気づきの旅』[14]（2009 年インドネシア・スラウェシ島から石垣島の 1130 日間）を実施しています。

　この授業は、通年授業の 9 カ月間、カレー料理に必要な原材料（スパイスも含む）から、食べるための食器とスプーンまで、すべて一から作る授業です。野菜は種から、肉になる鳥も雛から、お米は苗からなど、すべて自分たちで育てることが前提です。料理をする前の収穫も屠畜も含まれます。何かに気づくことを目的にした授業なので、関野氏はルールを 1 つだけ提示し、それ以外は履修生たちが話し合いながら食材を育てます。この唯一のルールが、食材の育て方についてです。それは、何もかもが効率よ

く便利になった現代社会とは対抗して、食材をなるべく自然に近い形で育てることが条件です。よって、作物を早く、大きく、たくさん育てることを目的にする化学肥料や、害虫を寄せ付けない農薬は一切使わないことです。

このゼミでのまなびは、当たり前にいつでもどこでもコンビニエンスストアですぐに食べることのできる食料を買う大学生の常識を覆すことになりました。作物の種選びから栽培、鶏肉になる"いのち"ある生きものの飼育と屠畜、全プロセスを通して、各専門職の方々から講義を受けて理解し、わからなければ質問する、そして全体で話し合って決めながら次に進行する9カ月間の実践ゼミでした。これは、大教室でありがちな一方通行の講義とは全く違ったまなびがあります。このまなびのプロセスは、SDGsの17分野をすべてを網羅していると言っても過言ではありません。

鳥取県智頭町のTPP

鳥取県智頭町の35年にわたる取り組み、日本全国の地方や農山村の可能性を開発してきた小田切[15]は「新・TPP」を提案しています。それは、これからの日本の「食」を持続させる農業が「T（tie つながり）P（pass 経路）P（purpose 目的）」という新しい戦略を意味します。これまでの政府によって分断され過疎化を放置してきた政策から、これからのコミュニティは持続可能な第一次産業に多様なつながり、多様な経路、多様な目的が重要になってくるという考えです。この考えは、農業・農村の問題だけでなく、本書の第1章で示したホリスティック教育の〈つながり〉と同様です。細分化や分断するよりも〈つながり〉を重視しているのです。

智頭町は、2019年SDGs未来都市に選定されています。SDGs未来都市とは、自治体によるSDGsの達成に向けた取り組みを公募し、優れた取り組みを提案する都市を「SDGs未来都市」として選定、自治体SDGs促進関係省庁タスクフォースにより支援されます。そのなかから先導的取り組みを行う都市を「自治体SDGsモデル事業」に選定し、政府が資金を支援します。SDGs推進本部（本部長：内閣総理大臣）は、成功事例の普及展開等

を通して自治体における SDGs の達成に向けた取り組みの拡大を目指しています。

（都道府県及び市区町村における SDGs の達成に向けた取り組みの割合：2020 年度目標 30％、2024 年度目標 60％）

キリンホールディングスの SDGs 経営

日本経済新聞社が 2019 年に実施した「SDGs 経営」調査[16]で、飲食業界の最高位に選ばれたキリンホールディングス株式会社の取り組みを紹介します。

この調査は下記の 4 つの基準から総合的に評価されています。

① SDGs 戦略・経済価値評価
② 社会価値評価
③ 環境価値評価
④ ガバナンス評価

キリンホールディングス株式会社は、すでに長期経営構想「キリングループ環境ビジョン 2050[17]」を策定しています。その内容は、食から医にわたる領域で価値を創造し、世界の CSV（Creating Shared Value：消費者や社会と共有できる価値の創造）を構築することです。企業としての事業戦略と共に経済的価値につながる CSV 経営をめざしています。その実現するための取り組みとして、下記の 4 つのバランスを重視しています。

生物資源　（持続可能な生物資源を利用している社会）
水資源　　（持続可能な水資源を利用している社会）
容器包装　（容器包装を持続可能に循環している社会）
気候変動　（気候変動を克服している社会）

この章で紹介した、学校、大学の授業、自治体、企業の実践は、SDGs に

合わせて準備された取り組みではありません。それぞれの機関が、地球の現状と社会の変化に対応して、独自のオリエンテーションをSDGs採択前に創設していました。各取り組みがSDGsによって、他国間、分野間を超えて、共通認識として持続可能な社会に向けて協働することになったのです。

　不自然な「食」に対する問題は、先進国が物質的な豊かさを美化していた頃、1962年にレイチェル・カーソンが『沈黙の春』で警告したのです（第3章参考文献、参照）。経済の発展は、「食」を二元的に分断する傾向に加速しました。1つは、「食」を大量生産・大量消費・大量廃棄するライフ・スタイルです。もう1つは、小規模であっても、人間と他の生きものが有機的な生活を共に維持する生態系を重視したライフ・スタイルです。

　SDGsは、これらの二項対立したライフスタイルのどちらを支持するものではありません。また、互いを批判するものでもないです。むしろ、緊迫した地球の現状に今ここで私たちが気づくこと、認識すること、そして行動すること（3As'）を、SDGsが国際社会の普遍的な指針として示しています。つまり、AもしくはBの二者択一ではなく、持続可能な社会を築くために無限の選択C（肢）を探求しているのです。

4-4　関西学院のSDGsに対する取り組み

　関西学院においてもSDGsの取り組みは進められています。ここでは、関西学院のビジョンを紹介します。

　関西学院大学は、SDGsを推進する人材育成のために、将来構想「Kwansei Grand Challenge 2039」の「世界的課題の解決に挑む『強さと品位』を持った人間をそだてる」ことを掲げています。そして、大学教育のビジョンとして「社会や世界に貢献して『真に豊かな人生』を送るための基盤を創る」と定めています。つまり、SDGsを推進することが、スクールモットー "Mastery for Service" を基盤にして大学の教育力を強化する機会[18]であると考えています。

　関西学院大学は 2004 年度からアジアで初めて国連ボランティア計画 (UNV) との協定で学生ボランティア派遣を始め、赤十字国際委員会 (ICRC) の 他にも連携が広がっています。また 2014 年度、文部科学省「スーパーグローバル大学創成支援 (SGU)」に採択されています。関西学院全体の構想として「国連・国際機関等へのゲートウェイ構築」で、2015 年に外部機関と連携した関西学院大学国際機関人事センターが外務省、国連グローバルコンパクト支援関学センターが国連グローバル・コンパクト・ネットワーク・ジャパンと連携を開設しました。2017 年には大学院修士課程に大学院副専攻国連・外交コース、学部には国際ボランティア・プログラムと副専攻国連・外交プログラムを新設しています。また、関西学院高等部は SGH (Super Global Highschool) 指定校として大学と連携し、2016 年からは「関西学院世界市民明石塾」に参加しています。今後、さらに SDGs について具体的な取り組みを実感するようになるでしょう (2019：23、78-81)。

　関西学院の取り組み以外に、今後は関西学院生独自の取り組みが期待されます。関西学院内で学生が主体となって集結すると、学内の SDGs を周知させることに〈つながり〉ます。学生だけでなく教職員や近隣住民と協働できるイノベーションが創り出されるでしょう。また、他校／他大学の学生と連携することで、学院側が企画するプログラムとは異なった学生の視点から SDGs 実践へとボトムアップしていくことが可能です。身近な学生生活の気づきのなかに、学生発地域社会へと行動できるアイディアはきっとあるはずです。

ワーク 4-② 「私の SDGs」覚書リスト

2030 年まで残り、あと何年?

関心ある分野：

（目的と目標＝　〜のために……する）

（行動内容）

（他の SDGs との関連性）

【注】

1　国際連合（国連）の 4 つの目的：①国際の平和と安全の維持、②国家間の友好関係を育てる、③国際問題の解決と人権尊重の促進に協力する、④各国の行動を調和させるために中心的役割を果たす。1945 年設立、本部は米国ニューヨーク。

2　SDGs のステークホルダーとは、ビジネス、ファイナンス、市民社会、消費者、新しい公共、労働組合、次世代、教育機関、研究機関、地方自治体、議会などを指し、それぞれの役割と目標で行動すること。

3　ロックストローム，J.・クルム，M.（著）武内和彦・石井菜穂子（監修）谷淳也・森秀行ほか（訳）『小さな地球の大きな世界――プラネタリー・バウンダリーと持続可能な開発』丸善出版，2018 年.

4　SDGs 新訳：蟹江憲史『SDGs（持続可能な開発目標）』中公新書，中央公論新社，2020 年，pp. 262-281.

5　国際連合世界食糧計画（国連 WFP）「2018 考えよう、飢餓と食品ロスのこと」
https://ja.news.wfp.org/18-37-44b38fc59271

6　厚生労働省「2019 年国民生活基礎調査」
https://www.mhlw.go.jp/toukei/saikin/hw/k-tyosa/k-tyosa19/dl/03.pdf

7　厚生労働省「2019 年人口動態統計」
https://www.mhlw.go.jp/toukei/saikin/hw/k-tyosa/k-tyosa19/dl/03.pdf

8　アンドニアン，アンドレ・川西剛史・山田唯人『マッキンゼーが読み解く――食と農の未来』日本経済新聞出版，2020 年.

9　自由学園食の学び推進委員会『自由学園――生活即教育ブックレット「食の学び一貫教育」』自由学園出版局，2009 年.

10　羽仁もと子『羽仁もと子選集――生活即教育』婦人之友社，1997 年.

11　前掲注 9 に同じ。

12　関野吉晴公式ホームページ　http://www.sekino.info

13　映画『カレーライスを一から作る』（日：2016、監督：前田亜紀）の内容を児童向けに再構成、前田亜紀（著）『カレーライスを一から作る』ポプラ社，2017 年.

14　関野吉晴『海のグレートジャーニーと若者たち―― 4700 キロの気づきの旅』武蔵野大美術大学出版局，2013 年.

15　寺谷篤志・澤田廉路・平塚伸治（編著）小田切徳美（解題）『創発的営み　地方創生へのしるべ――鳥取県智頭町発』今井出版，2019 年.

16　日経 HR 編集部『SDGs 日本の挑戦 2020 ――エクセレントカンパニー・自治体・教育』日経 HR，2020 年.

17　https://www.kirinholdings.co.jp/news/2020/0210_01.html

18　WAVE『東洋経済 ACADEMIC SDGs に取り組む大学特集――国連が掲げ、世界193 の国と地域が合意した「持続可能な開発目標」』東洋経済新報社，2019 年.

【参考文献】────────────────────────────────

ヴェレ，イヴェット・アルヌー，ポール（著）蔵持不三也（訳）『地図とデータで見る
　　　SDGs の世界ハンドブック』原書房，2020 年．
小田切徳美『農山村は消滅しない』岩波新書，2014 年．
JIYU5074Labo『自由学園──最高の「お食事」95 年間の伝統レシピ』新潮社，2017 年．
高柳彰夫・大橋正明（編）『SDGs を学ぶ──国際開発・国際協力入門』法律文化社，2018 年．
松原恭司郎『図解　ポケット　SDGs がよくわかる本』秀和システム，2019 年．

【参考映像】
『100 億人─私達は何を食べるのか？』（独：2015）
『ありあまるごちそう』（墺：2005）
『もったいない TASTE THE WASTE』（独：2011）

コラム 4

阪急電鉄の SDGs トレイン

　関西学院生にとって在学中、阪急電鉄はなくてはならない交通手段です。毎日、安全で快適な通学ができて、充実した学生生活は送れます。入学から卒業までに阪急電鉄の車窓からの風景は、生涯の思い出にもなります。

　みなさんは、その阪急電鉄に「SDGs トレイン」という取り組みがあるのを知っていますか？

　「未来にわたり住みたいまち」をつくりたい！　そんな想いで 2009 年にスタートした阪急阪神ホールディングスグループ社会貢献活動「阪急阪神　未来のゆめ・まちプロジェクト」が 2019 年に 10 周年を迎えたことを機に行われており、持続可能な開発目標（SDGs）の達成に向けた取り組みの 1 つとして「SDGs トレイン　未来のゆめ・まち号」を阪急電鉄・阪神電気鉄道の両路線で運行しています。

　「SDGs トレイン」の車両外観には、SDGs の 17 目標をイメージしたイラストや、SDGs の目標ステッカーがラッピングされ、車内には、SDGs の目標を解説したポスターやつり革などがあります。

　阪急電鉄・阪神電気鉄道の「SDGs トレイン」では、すでに最新の省エネ車両を利用しており、カーボンオフセットの仕組みを活用し

写真提供：阪急阪神ホールディングス（株）

て再生可能エネルギー 100％で運行しています。阪急電鉄では、神戸線・宝塚線 1000 系、京都線 1300 系車両で運行しています。具体的に省エネ性能を比較すると、従来型の車両 (5000 系、6000 系) よりも約 50％、前形式 (9000 系) よりも約 20％の消費電力削減につながります。他にも快適な車内を実現するために、低騒音の全閉式モーターや駆動装置、側窓に UV カット複層ガラスを採用し、車内外の騒音を低減させています。私たちの普段は見えないところで、SDGs の取り組みが着実に進んでいます。

2030 年に向けて企業が SDGs を積極的に取り入れ、持続可能な社会に貢献する原動力になっています。そして多くの企業が SDGs を新しい企業戦略として、それぞれの職種でイノベーションを起こそうとしています。

私たちが乗車する車両が、持続可能な社会を創ろうとする企業のイノベーションによって開発が続けられていることに気づくと、毎日の通学が変わってくるでしょう。阪急電鉄の車両に足を踏み入れるとき、ふと目に入った SDGs の 17 目標一つひとつが今ここにいる私たちに何かを問いかけるチャンスになるでしょう。

第5章　おわりに

　　愛よりも、金銭よりも、名誉よりも、むしろわたしに真実をあたえて
　　もらいたい。[1]

　本書のおわりに、わたしは30年前に旅先で読んだヘンリ・デイヴィット・
ソーロー（1817-1862）の一説を思い出しました。

　本書は、普段なら当たり前ごとで通り過ぎている「食」に立ち止まりま
した。そのなかでも、私たちが好んで選ぶ「食」肉牛ついて複眼的に問い直
しました。それは、私たちがどれだけ「食」肉牛を意識しているのか。

　「食」肉牛の"いのち"は人工的な誕生からはじまり、ウシの習性からか
け離れた環境で人間の嗜好に合わせて飼養されます。そして、慣れない長
距離輸送後は、ゆっくり水を飲んだり休んだりする間もなく屠場で短いラ
イフサイクルを閉じます。そこからは、商品化するための解体、精肉、加
工、販売によってウシの体、半分未満の枝肉に価値が決められるのです。
一方で、私たちが義務教育を受けているあいだ、当たり前のように口にす
る「食」肉牛の情報や知識を得る機会は 0 に等しいです。つまり、「食」肉牛
の美味しさや栄養の恩恵を受けながら、ウシ／ギュウについては無知であ
るという矛盾に気づきました。もし、私たちが真実を知り、考えることが
できれば、「食」肉牛のウシだけでなく社会のさまざまな問題を解決するた
めの公正な行動に〈つながり〉を広げることは可能でしょう。

　　生と死の概念を切り離して考えるけど、ここへ来るとみんな生と死に
　　対する見方が変わりますよ。森には殺すものと殺されるものが共存し
　　ているのでね。生命は死からつくり出される。生と死は二元的な存在
　　ではありません。[2]
　　　　　　　　　　　　　　　　　　　　　　　（越智道雄訳、1988：409）

　私たちの「食」生活のなかで、このような意識はあるでしょうか。本書の第2章と第3章で、コペルニクス的転回から「食」肉牛を食べる側と食べられる側について考えを深めました。その結果、わたし自身、マクフィーが描いたアラスカの生活から自分の人間中心主義的な「食」べ方を振り返りました。それまで、この現代社会の「食」生活には食べる側と食べられる側の二元的な関係のなかに矛盾する事柄が存在していると考えていました。しかし、その考えは転換し、私たちが他の生きものから「食」を得ることは両者間の二元的な関係ではなく、"いのち"の循環的な〈つながり〉であることに気づいたのです。それとは別に、二元的な関係が存在しているのは、売る側（生産販売者）と買う側（消費者）です。なぜなら、売る側と買う側には利害関係があるからです。売る側が効率よく安いコストで短期間に家畜を大量生産（飼養）・屠畜してからモノとして高値で店頭に並べると、買う側にとって安心・安全・安定（3安）は損なわれます。そこで、売る側が買う側の「食」のウェルビーイング実現を前提に、脱人間中心的に配慮している「食」肉牛の工程を買う側に透明化することで双方の信頼関係が成り立ちます。そのようなエシカル消費[3]の関係構築が、SDGsの2030年までにめざす開発目標の1つです。

　「食」肉の"いのち"に対する考え方は他にもあります。藤原辰史は、中高生との座談会『食べること』『生きること』（2018：共同企画　パルシステム＆農文協[4]）で、ユニークな考えを提示しました。それは、「食べるものの気持ちになってみる」（2019：72-75）ことです。つまり、みなさんが「食」肉になる動物として生まれて、育てられ、解かれて、スーパーに並んで食べられて……それで終わりではなく、消費者のお腹で消化し、下水道へと旅は続く、というストーリーです。そして藤原は、食べることについて2つの見方を示しています。

　　1. 人間は「食べて」などいない
　　2. ずっと食べものである

　つまり、1つ目は、人間は地球全体の生命の循環の通過点で、常に食べさせられている媒介。2つ目は、1と同じように、人間を通過して、ずっと食べものであり、"いのち"のリレーをしながら続いている、ということです。どちらも、"いのち"が循環している古来からの農業の生態系そのものです。

　私たちが日常生活のなかで「食」のウェルビーイングを享受するためには、安心して安全な食を安定して消費することです（3安）。その消費が持続可能な社会のために配慮されていることが、「食」の倫理を保たせるエシカル消費につながるのでしょう。すでに、持続可能な社会を実現するために、人間中心主義的な「食」べ方から、地球上に存在する生きもの全体を考える脱人間中心的な「食」のウェルビーイングが求められる時代になっています。その一例として、2020 年東京オリンピック・パラリンピック開催を前に、世界の出場選手が大会中の使用食材について「動物を苦しめないエシカル五輪を目指して」[5]賛同を求めています。

　技術を駆使した「食」の大量生産や過剰消費よりも地産地消を確保し、食品ロス（食べ残し）をしないことが、私たちの足元からできることです。私たちが日常生活というローカルな範囲で行動することが、地球全体の「食」の分配を公正に行うグローバルな道筋をつけることになります（グプティル・コプルトン・ルーカル、2016：192-195）。

　エシカル消費は、食べる側、食べられる側の生きものすべてに対して、コンパッション（Compassion：思いやり、同情、慈悲、哀れみなど）がともないます。コンパッションは「食」肉牛に対してだけではなく、このような感覚を他にも向けることで、誰もがなりうる社会的弱者を排除することはありません。古沢広祐は、SDGs の 2030 アジェンダのなかに頻繁に使用されている「inclusive：包み込む、包括的な」という言葉に注目しています（inclusive はホリスティック教育でも重要なキーワードです）。古沢は、1948 年の世界人権宣言（第 26 条）から「人権、教育、差別克服、インクルーシブ教育の世界動向」への積み重ねが 2030 アジェンダに集約されている[6]

ことを述べています (2020：19-21)。

　私たちの「食」べ方は、私たち自身の生き方を創る自分らしさの１つで
はないでしょうか。「食」について、わたしの旅の経験から主観的な意見で
すが、北米（アメリカとカナダ）とヨーロッパの各政府には大きな意識の
隔たりがあります。前述しましたが、北米は新しい遺伝子工学を躊躇なく
「食」に応用させて実用化しています。しかし、それぞれの政府を動かして
いるのは民意です。その典型的な社会現象の一例が、1986 年にマクドナル
ドがイタリア・ローマに進出し、第 1 号店を出店したとき、イタリア国内
ではファーストフード反対運動にまで発展したことです。この出来事は、
イタリアの伝統的な食文化のあり方を問い直すきっかけとなり、スロー
フード運動に〈つながり〉ました。対照的に 1971 年、日本・東京の銀座に
マクドナルド第 1 号店が出店したときは、長蛇の列という反応でした。日
本の「食」意識が北米に近いことが理解できます。しかしながら、欧米とも
に「食」に関する民間の草の根運動や訴訟数は、日本よりもかなり多いで
す。つまり、「食」に関心がある人たちは、国を問わず自分たちで未来の「食」
を次世代のために守ろうと行動しています。欧米は能動的消費者、日本は
受動的消費者という現状から、日本の「食」に対する安心・安全・安定（3 安）
に関して法律是正の速度に差があるのは消費者意識の違い（度合い）、もし
くはさらに根本的な原因を調べて比較する必要があります。

　わたしにとって「食」からの気づきは、私たちが「食」の安心・安全・安定（3
安）を求めるのであれば、日常的に賢い消費者になることを痛感しました。
また、「食」肉牛の "いのち" を問い直すことで、私たち一人ひとりの "いの
ち" は地球上の多くの生きものの恩恵（犠牲も含む）をいただいて生かさ
れている "いのち" のリレーであることも実感しました。この「食」の旅を
通して、わたし自身、すべての生きものに対してコンパッションをもって
日常生活でエシカル消費を心掛けたいという**自己の変容**に辿り着きました
（SDGs 目標 12-8）。

　みなさんにとって、「食」からの気づきはいかがでしたか。これから、ま
すます「食」の旅は未知であり進化／退化し続けるでしょう。この未知な

る「食」の旅、そして他をテーマにしたどんな旅でも、私たちに違和感があるときは立ち止まって誰かと対話することができる余裕のある社会になることを希望しています。私たちの社会が「誰一人取り残さない（No one will be left behind)」ために。

【注】

1　ソロー，ヘンリー．D.（著）神吉三郎（訳）『森の生活 ウォールデン』岩波書店，1979 年（改版），p. 406.
2　マクフィー，ジョン（著）越智道雄（訳）『アラスカ原野行』平河出版社，1988 年.
3　エシカル消費とは、人間のみならず、地球環境、地域、社会に配慮して消費すること。たとえば、開発途上国の原料や製品を適切な価格で継続して購入するフェアトレードや障害者支援やリサイクルなどの商品購入という選択肢など（SDGs 目標 10・12・17）。
4　藤原辰史『食べるとはどういうことか——世界の見方が変わる三つの質問』一般社団法人 農山漁村文化協会，2019 年.
5　https://legacyforanimals.com
6　古沢広祐『食・農・環境と SDGs ——持続可能な社会のトータルビジョン』一般社団法人 農山漁村文化協会，2020 年.

【参考文献】

ウィルソン，ビー（著）堤理華（訳）『「食べる」が変わる 「食べる」を変える——豊かな食に殺されないための普通の方法』原書房，2020 年.
グプティル，エイミー・コプルトン，デニス・ルーカル，ベッツィ（著）伊藤茂（訳）『食の社会学——パラドクスから考える』NTT 出版，2016 年.
サンデル，マイケル．J.（著）林芳紀・伊吹友秀（訳）『完全な人間を目指さなくてもよい理由——遺伝子操作とエンハンスメントの倫理』ナカニシヤ出版，2010 年.
バーバー，ダン（著）小坂恵理（訳）『食の未来のためのフィールドノート「第三の皿」をめざして 下海と種子』NTT 出版，2015 年.
檜垣立哉『食べることの哲学』世界思想社，2018 年.

【参考映像】

『未来の食卓』（仏：2010）

付録　「食」ワーク

① 理想の学校と学び

あなたにとって理想の学校とは？　また、理想の学びとは？

② 「食」のブレイン・ストーミング

あなたが思いつく「食」について何でも書いてみましょう。

③ 「食」のマインドマップ

あなたにとって「食」とは?

メモ:

④ SDGs カウントダウン 2030

現在の時点で、あなたが行動できると考える SDGs を書き出してみましょう。

○現在　　　　　年

○ SDGs 目標とターゲット：

○あなたの行動をどのように具体化させたいですか？

○今年の行動計画：

○５年以内の行動計画：

○ 2030 年までの達成行動計画：

⑤　未来の日本の食卓をイメージしてみよう!

未来の　　　　　　　年に、あなたは何を食べているでしょうか?

［朝食］time　　　　［昼食］time　　　　［夕食］time　　　　［間食］time

食料自給率

(　　%)　　　(　　%)　　　(　　%)　　　(　　%)

Appendix　SDGs とターゲット新訳

（慶應義塾大学 SFC 研究所 xSDG・ラボ参照、http//xsdg.jp//）

目標1.　あらゆる場所で、あらゆる形態の貧困を終わらせる

1.1　2030 年までに、現在のところ 1 日 1.25 ドル未満で生活する人々と定められ ている、極度の貧困[*1]をあらゆる場所で終わらせる。

1.2　2030 年までに、各国で定められたあらゆる面で貧困状態にある全年齢の 男女・子どもの割合を少なくとも半減させる。

1.3　すべての人々に対し、最低限の生活水準の達成を含む適切な社会保護制度 や対策を各国で実施し、2030 年までに貧困層や弱い立場にある人々に対 し十分な保護を達成する。

1.4　2030 年までに、すべての男女、特に貧困層や弱い立場にある人々が、経 済的資源に対する平等の権利がもてるようにするとともに、基礎的サービ ス、土地やその他の財産に対する所有権と管理権限、相続財産、天然資源、 適正な新技術[*2]、マイクロファイナンスを含む金融サービスが利用できるよ うにする。

1.5　2030 年までに、貧困層や状況の変化の影響を受けやすい人々のレジリエ ンス[*3]を高め、極端な気候現象やその他の経済、社会、環境的な打撃や災難 に見舞われたり被害を受けたりする危険度を小さくする。

1.a　あらゆる面での貧困を終わらせるための計画や政策の実施を目指して、開 発途上国、特に後発開発途上国に対して適切で予測可能な手段を提出する ため、開発協力の強化などを通じ、さまざまな供給源から相当量の資源を 確実に動員する。

1.b　貧困をなくす取り組みへの投資拡大を支援するため、貧困層やジェンダー を十分勘案した開発戦略にもとづく適正な政策枠組みを、国、地域、国際 レベルでつくりだす。

目標2. 飢餓を終わらせ、食料の安定確保と栄養状態の改善を実現し、持続可能な農業を促進する

2.1 2030年までに、飢餓をなくし、すべての人々、特に貧困層や乳幼児を含む状況の変化の影響を受けやすい人々が、安全で栄養のある十分な食料を1年を通して得られるようにする。

2.2 2030年までに、あらゆる形態の栄養不良を解消し、成長期の女子、妊婦・授乳婦、高齢者の栄養ニーズに対処する。2025年までに5歳未満の子どもの発育阻害や消耗性疾患について国際的に合意した目標を達成する。

2.3 2030年までに、土地、その他の生産資源や投入財、知識、金融サービス、市場、高付加価値化や農業以外の就業の機会に確実・平等にアクセスできるようにすることなどにより、小規模食料生産者、特に女性や先住民、家族経営の農家・牧畜家・漁家の生産性と所得を倍増させる。

2.4 2030年までに、持続可能な食料生産システムを確立し、レジリエントな農業を実践する。そのような農業は、生産性の向上や生産量の増大、生態系の維持につながり、気候変動や異常気象、干ばつ、洪水やその他の災害への適応能力を向上させ、着実に土地と土壌の質を改善する。

2.5 2020年までに、国、地域、国際レベルで適正に管理・多様化された種子・植物バンクなどを通じて、種子、栽培植物、家畜やその近縁野生種の遺伝的多様性を維持し、国際的合意にもとづき、遺伝資源やそれに関連する伝統的な知識の利用と、利用から生じる利益の公正・公平な分配を促進する。

2.a 開発途上国、特に後発開発途上国の農業生産能力を高めるため、国際協力の強化などを通じて、農村インフラ、農業研究・普及サービス、技術開発、植物・家畜の遺伝子バンクへの投資を拡大する。

2.b ドーハ開発ラウンド[*4]の決議に従い、あらゆる形態の農産物輸出補助金と、同等の効果がある輸出措置を並行して撤廃することなどを通じて、世界の農産物市場における貿易制限やひずみを是正・防止する。

2.c 食料価格の極端な変動に歯止めをかけるため、食品市場やデリバティブ市場[*5]が適正に機能するように対策を取り、食料備蓄などの市場情報がタイムリーに入手できるようにする。

目標 3. あらゆる年齢のすべての人々の健康的な生活を確実にし、福祉を推進する

3.1 2030 年までに、世界の妊産婦の死亡率を出生 10 万人あたり 70 人未満にまで下げる。

3.2 2030 年までに、すべての国々が、新生児の死亡率を出生 1000 人あたり 12 人以下に、5 歳未満児の死亡率を出生 1000 人あたり 25 人以下に下げることを目指し、新生児と 5 歳未満児の防ぐことができる死亡をなくす。

3.3 2030 年までに、エイズ、結核、マラリア、顧みられない熱帯病[*6]といった感染症を根絶し、肝炎、水系感染症、その他の感染症に立ち向かう。

3.4 2030 年までに、非感染性疾患による若年層の死亡率を予防や治療により 3 分の 1 減らし、心の健康と福祉を推進する。

3.5 麻薬・薬物乱用や有害なアルコール摂取の防止や治療を強化する。

3.6 2020 年までに、世界の道路交通事故による死傷者の数を半分に減らす。

3.7 2030 年までに、家族計画や情報・教育を含む性と生殖に関する保健サービスをすべての人々が確実に利用できるようにし、性と生殖に関する健康(リプロダクティブ・ヘルス)を国家戦略・計画に確実に組み入れる。

3.8 すべての人々が、経済的リスクに対する保護、質が高く不可欠な保健サービスや、安全・効果的で質が高く安価な必須医薬品やワクチンを利用できるようになることを含む、ユニバーサル・ヘルス・カバレッジ(UHC)[*7]を達成する。

3.9 2030 年までに、有害化学物質や大気・水質・土壌の汚染による死亡や疾病の数を大幅に減らす。

3.a すべての国々で適切に、たばこの規制に関する世界保健機関枠組条約の実施を強化する。

3.b おもに開発途上国に影響を及ぼす感染性や非感染性疾患のワクチンや医薬品の研究開発を支援する。また、「TRIPS 協定(知的所有権の貿易関連の側面に関する協定)と公衆の健康に関するドーハ宣言」に従い、安価な必須医薬品やワクチンが利用できるようにする。同宣言は、公衆衛生を保護し、特にすべての人々が医薬品を利用できるようにするために「TRIPS 協定」の柔軟性に関する規定を最大限に行使する開発途上国の権利を認めるものである。

3.c 開発途上国、特に後発開発途上国や小島嶼開発途上国で、保健財政や、保

健人材の採用、能力開発、訓練、定着を大幅に拡大する。

3.d　すべての国々、特に開発途上国で、国内および世界で発生する健康リスクの早期警告やリスク軽減・管理のための能力を強化する。

目標4.　すべての人々に、だれもが受けられる公平で質の高い教育を提供し、生涯教育の機会を促進する

4.1　2030年までに、すべての少女と少年が、適切で効果的な学習成果をもたらす、無償かつ公正で質の高い初等教育・中等教育を修了できるようにする。

4.2　2030年までに、すべての少女と少年が、初等教育を受ける準備が整うよう、乳幼児向けの質の高い発達支援やケア、就学前教育を受けられるようにする。

4.3　2030年までに、すべての女性と男性が、手頃な価格で質の高い技術教育や職業教育、そして大学を含む高等教育を平等に受けられるようにする。

4.4　2030年までに、就職や働きがいのある人間らしい仕事、起業に必要な、技術的・職業的スキルなどの技能をもつ若者と成人の数を大幅に増やす。

4.5　2030年までに、教育におけるジェンダー格差をなくし、障害者、先住民、状況の変化の影響を受けやすい子どもなど、社会的弱者があらゆるレベルの教育や職業訓練を平等に受けられるようにする。

4.6　2030年までに、すべての若者と大多数の成人が、男女ともに、読み書き能力と基本的な計算能力を身につけられるようにする。

4.7　2030年までに、すべての学習者が、とりわけ持続可能な開発のための教育と、持続可能なライフスタイル、人権、ジェンダー平等、平和と非暴力文化の推進、グローバル・シチズンシップ（＝地球市民の精神）、文化多様性の尊重、持続可能な開発に文化が貢献することの価値認識、などの教育を通して、持続可能な開発を促進するために必要な知識とスキルを確実に習得できるようにする。

4.a　子どもや障害のある人々、ジェンダーに配慮の行き届いた教育施設を建設・改良し、すべての人々にとって安全で、暴力がなく、だれもが利用できる、効果的な学習環境を提供する。

4.b　2020年までに、先進国やその他の開発途上国で、職業訓練、情報通信技

術（ICT）、技術・工学・科学プログラムなどを含む高等教育を受けるための、開発途上国、特に後発開発途上国や小島嶼開発途上国、アフリカ諸国を対象とした奨学金の件数を全世界で大幅に増やす。

4.c　2030 年までに、開発途上国、特に後発開発途上国や小島嶼開発途上国における教員養成のための国際協力などを通じて、資格をもつ教員の数を大幅に増やす。

目標5.　ジェンダー平等を達成し、すべての女性・少女のエンパワーメントを行う

5.1　あらゆる場所で、すべての女性・少女に対するあらゆる形態の差別をなくす。

5.2　人身売買や性的・その他の搾取を含め、公的・私的な場で、すべての女性・少女に対するあらゆる形態の暴力をなくす。

5.3　児童婚、早期結婚、強制結婚、女性性器切除など、あらゆる有害な慣行をなくす。

5.4　公共サービス、インフラ、社会保障政策の提供や、各国の状況に応じた世帯・家族内での責任分担を通じて、無報酬の育児・介護や家事労働を認識し評価する。

5.5　政治、経済、公共の場でのあらゆるレベルの意思決定において、完全で効果的な女性の参画と平等なリーダーシップの機会を確保する。

5.6　国際人口開発会議（ICPD）の行動計画と、北京行動綱領およびその検証会議の成果文書への合意にもとづき、性と生殖に関する健康と権利をだれもが手に入れられるようにする。

5.a　女性が経済的資源に対する平等の権利を得るとともに、土地・その他の財産、金融サービス、相続財産、天然資源を所有・管理できるよう、各国法にもとづき改革を行う。[*8]

5.b　女性のエンパワーメントを促進するため、実現技術、特に情報通信技術（ICT）の活用を強化する。

5.c　ジェンダー平等の促進と、すべての女性・少女のあらゆるレベルにおけるエンパワーメントのため、適正な政策や拘束力のある法律を導入し強化する。

目標6. すべての人々が水と衛生施設を利用できるようにし、持続可能な水・衛生管理を確実にする

6.1 2030 年までに、すべての人々が等しく、安全で入手可能な価格の飲料水を利用できるようにする。

6.2 2030 年までに、女性や少女、状況の変化の影響を受けやすい人々のニーズに特に注意を向けながら、すべての人々が適切・公平に下水施設・衛生施設を利用できるようにし、屋外での排泄をなくす。

6.3 2030 年までに、汚染を減らし、投棄をなくし、有害な化学物資や危険物の放出を最小化し、未処理の排水の割合を半減させ、再生利用と安全な再利用を世界中で大幅に増やすことによって、水質を改善する。

6.4 2030 年までに、水不足に対処し、水不足の影響を受ける人々の数を大幅に減らすために、あらゆるセクターで水の利用効率を大幅に改善し、淡水の持続可能な採取・供給を確実にする。

6.5 2030 年までに、必要に応じて国境を越えた協力などを通じ、あらゆるレベルでの統合水資源管理を実施する。

6.6 2030 年までに、山地、森林、湿地、河川、帯水層、湖沼を含めて、水系生態系の保護・回復を行う。

6.a 2030 年までに、集水、海水の淡水化、効率的な水利用、排水処理、再生利用や再利用の技術を含め、水・衛生分野の活動や計画において、開発途上国に対する国際協力と能力構築の支援を拡大する。

6.b 水・衛生管理の向上に地域コミュニティが関わることを支援し強化する。

目標7. すべての人々が、手頃な価格で信頼性の高い持続可能で現代的なエネルギーを利用できるようにする

7.1 2030 年までに、手頃な価格で信頼性の高い現代的なエネルギーサービスをすべての人々が利用できるようにする。

7.2 2030 年までに、世界のエネルギーミックス[*9]における再生可能エネルギーの割合を大幅に増やす。

7.3 2030 年までに、世界全体のエネルギー効率の改善率を倍増させる。

7.a 2030 年までに、再生可能エネルギー、エネルギー効率、先進的でより環境負荷の低い化石燃料技術など、クリーンなエネルギーの研究や技術の利用を進めるための国際協力を強化し、エネルギー関連インフラとクリーンエネルギー技術への投資を促進する。

7.b 2030 年までに、各支援プログラムに沿って、開発途上国、特に後発開発途上国や小島嶼開発途上国、内陸開発途上国において、すべての人々に現代的で持続可能なエネルギーサービスを提供するためのインフラを拡大し、技術を向上させる。

目標8. すべての人々にとって、持続的でだれも排除しない持続可能な経済成長、完全かつ生産的な雇用、働きがいのある人間らしい仕事（ディーセント・ワーク）を促進する

8.1 各国の状況に応じて、1 人あたりの経済成長率を持続させ、特に後発開発途上国では少なくとも年率7％の GDP 成長率を保つ。

8.2 高付加価値セクターや労働集約型セクターに重点を置くことなどにより、多様化や技術向上、イノベーションを通じて、より高いレベルの経済生産性を達成する。

8.3 生産的な活動、働きがいのある人間らしい職の創出、起業家精神、創造性やイノベーションを支援する開発重視型の政策を推進し、金融サービスの利用などを通じて中小零細企業の設立や成長を促す。

8.4 2030 年までに、消費と生産における世界の資源効率を着実に改善し、先進国主導のもと、「持続可能な消費と生産に関する 10 カ年計画枠組み」に従って、経済成長が環境悪化につながらないようにする。

8.5 2030 年までに、若者や障害者を含むすべての女性と男性にとって、完全かつ生産的な雇用と働きがいのある人間らしい仕事（ディーセント・ワーク）を実現し、同一労働同一賃金を達成する。

8.6 2020 年までに、就労、就学、職業訓練のいずれも行っていない若者の割合を大幅に減らす。

8.7 強制労働を完全になくし、現代的奴隷制と人身売買を終わらせ、子ども兵士の募集・使用を含めた、最悪な形態の児童労働を確実に禁止・撤廃するための効果的な措置をただちに実施し、2025 年までにあらゆる形態の児童労働をなくす。

8.8 移住労働者、特に女性の移住労働者や不安定な雇用状態にある人々を含め、すべての労働者を対象に、労働基本権を保護し安全・安心な労働環境を促進する。

8.9 2030年までに、雇用創出や各地の文化振興・産品販促につながる、持続可能な観光業を推進する政策を立案・実施する。

8.10 すべての人々が銀行取引、保険、金融サービスを利用できるようにするため、国内の金融機関の能力を強化する。

8.a 「後発開発途上国への貿易関連技術支援のための拡大統合フレームワーク（EIF）」などを通じて、開発途上国、特に後発開発途上国に対する「貿易のための援助（AfT）」を拡大する。

8.b 2020年までに、若者の雇用のために世界規模の戦略を展開・運用可能にし、国際労働機関（ILO）の「仕事に関する世界協定」を実施する。

目標9. レジリエントなインフラを構築し、だれもが参画できる持続可能な産業化を促進し、イノベーションを推進する

9.1 経済発展と人間の幸福をサポートするため、すべての人々が容易かつ公平に利用できることに重点を置きながら、地域内および国境を越えたインフラを含む、質が高く信頼性があり、持続可能でレジリエントなインフラを開発する。

9.2 だれもが参画できる持続可能な産業化を促進し、2030年までに、各国の状況に応じて雇用やGDPに占める産業セクターの割合を大幅に増やす。後発開発途上国ではその割合を倍にする。

9.3 より多くの小規模製造業やその他の企業が、特に開発途上国で、利用しやすい融資などの金融サービスを受け取ることができ、バリューチェーン[*10]や市場に組み込まれるようにする。

9.4 2030年までに、インフラを改良し持続可能な産業につくり変える。そのために、すべての国々が自国の能力に応じた取り組みを行いながら、資源利用効率の向上とクリーンで環境に配慮した技術・産業プロセスの導入を拡大する。

9.5 2030年までに、開発途上国をはじめとするすべての国々で科学研究を強化し、産業セクターの技術能力を向上させる。そのために、イノベーショ

ンを促進し、100 万人あたりの研究開発従事者の数を大幅に増やし、官民による研究開発費を増加する。

9.a アフリカ諸国、後発開発途上国、内陸開発途上国、小島嶼開発途上国への金融・テクノロジー・技術の支援強化を通じて、開発途上国における持続可能でレジリエントなインフラ開発を促進する。

9.b 開発途上国の国内における技術開発、研究、イノベーションを、特に産業の多様化を促し商品の価値を高めるための政策環境を保障することなどによって支援する。

9.c 情報通信技術（ICT）へのアクセスを大幅に増やし、2020 年までに、後発開発途上国でだれもが当たり前のようにインターネットを使えるようにする。

目標10. 国内および各国間の不平等を減らす

10.1 2030 年までに、各国の所得下位 40％の人々の所得の伸び率を、国内平均を上回る数値で着実に達成し維持する。

10.2 2030 年までに、年齢、性別、障害、人種、民族、出自、宗教、経済的地位やその他の状況にかかわらず、すべての人々に社会的・経済的・政治的に排除されず参画できる力を与え、その参画を推進する。

10.3 差別的な法律や政策、慣行を撤廃し、関連する適切な立法や政策、行動を推進することによって、機会均等を確実にし、結果の不平等を減らす。

10.4 財政、賃金、社会保障政策といった政策を重点的に導入し、さらなる平等を着実に達成する。

10.5 世界の金融市場と金融機関に対する規制とモニタリングを改善し、こうした規制の実施を強化する。

10.6 より効果的で信頼でき、説明責任のある正当な制度を実現するため、地球規模の経済および金融に関する国際機関での意思決定における開発途上国の参加や発言力を強める。

10.7 計画的でよく管理された移住政策の実施などにより、秩序のとれた、安全かつ正規の、責任ある移住や人の移動を促進する。

10.a 世界貿易機関（WTO）協定に従い、開発途上国、特に後発開発途上国に

対して「特別かつ異なる待遇（S&D）」の原則を通用する。

10.b 各国の国家計画やプログラムに従って、ニーズが最も大きい国々、特に後
発開発途上国、アフリカ諸国、小島嶼開発途上国、内陸開発途上国に対し、
政府開発援助（ODA）や海外直接投資を含む資金の流入を促進する。

10.c 2030年までに、移民による送金のコストを3％未満に引き下げ、コストが
5％を超える送金経路を完全になくす。

目標11. 都市や人間の居住地をだれも排除せず安全かつレジリエントで持続可能にする

11.1 2030年までに、すべての人々が、適切で安全・安価な住宅と基本的サービスを確実に利用できるようにし、スラムを改善する。

11.2 2030年までに、弱い立場にある人々、女性、子ども、障害者、高齢者のニーズに特に配慮しながら、とりわけ公共交通機関の拡大によって交通の安全性を改善して、すべての人々が、安全で、手頃な価格の、使いやすく持続可能な輸送システムを利用できるようにする。

11.3 2030年までに、すべての国々で、だれも排除しない持続可能な都市化を進め、参加型で差別のない持続可能な人間居住を計画・管理する能力を強化する。

11.4 世界の文化遺産・自然遺産を保護・保全する取り組みを強化する。

11.5 2030年までに、貧困層や弱い立場にある人々の保護に焦点を当てながら、水関連災害を含め、災害による死者や被災者の数を大きく減らし、世界のGDP比における直接的経済損失を大幅に縮小する。

11.6 2030年までに、大気環境や、自治体などによる廃棄物の管理に特に注意することで、都市の1人あたりの環境上の悪影響を小さくする。

11.7 2030年までに、すべての人々、特に女性、子ども、高齢者、障害者などが、安全でだれもが使いやすい緑地や公共スペースを利用できるようにする。

11.a 各国・各地域の開発計画を強化することにより、経済・社会・環境面における都市部、都市周辺部、農村部の間の良好なつながりをサポートする。

11.b 2020年までに、すべての人々を含むことを目指し、資源効率、気象変動の緩和と適応、災害に対するレジリエンスを目的とした総合的政策・計画を導入・実施する都市や集落の数を大幅に増やし、「仙台防災枠組み

2015-2030」に沿って、あらゆるレベルで総合的な災害リスク管理を策定し実施する。

11.c　財政・技術援助などを通じ、現地の資材を用いた持続可能でレジリエントな建物の建築について、後発開発途上国を支援する。

目標 12.　持続可能な消費・生産形態を確実にする

12.1　先進国主導のもと、開発途上国の開発状況や能力を考慮しつつ、すべての国々が行動を起こし、「持続可能な消費と生産に関する 10 年計画枠組み（10YFP）」を実施する。

12.2　2030 年までに、天然資源の持続可能な管理と効率的な利用を実現する。

12.3　2030 年までに、小売・消費者レベルにおける世界全体の 1 人あたり食品廃棄を半分にし、収穫後の損失を含めて生産・サプライチェーンにおける食品ロスを減らす。

12.4　2020 年までに、合意された国際的な枠組みに従い、製品ライフサイクル全体を通して化学物質や廃棄物の環境に配慮した管理を実現し、人の健康や環境への悪影響を最小限に抑えるため、大気、水、土壌への化学物質や廃棄物の放出を大幅に減らす。

12.5　2030 年までに、廃棄物の発生を、予防、削減（リデュース）、再生利用（リサイクル）や再利用（リユース）により大幅に減らす。

12.6　企業、特に大企業や多国籍企業に対し、持続可能な取り組みを導入し、持続可能性に関する情報を定期報告に盛り込むよう促す。

12.7　国内の政策や優先事項に従って、持続可能な公共調達の取り組みを促進する。

12.8　2030 年までに、人々があらゆる場所で、持続可能な開発や自然と調和したライフスタイルのために、適切な情報が得られ意識がもてるようにする。

12.a　より持続可能な消費・生活形態に移行するため、開発途上国の科学的・技術的能力の強化を支援する。

12.b　雇用創出や地域の文化振興・産品販促につながる持続可能な観光業に対して、持続可能な開発がもたらす影響を測定する手法を開発・導入する。

12.c　税制を改正し、有害な補助金がある場合は環境への影響を考慮して段階的に廃止するなど、各国の状況に応じて市場のひずみをなくすことで、無駄

な消費につながる化石燃料への非効率な補助金を合理化する。その際には、開発途上国の特別なニーズや状況を十分に考慮し、貧困層や影響を受けるコミュニティを保護する形で、開発における悪影響を最小限に留める。

目標13. 気候変動とその影響に立ち向かうため、緊急対策を実施する*

13.1 すべての国々で、気候関連の災害や自然災害に対するレジリエンスと適応力を強化する。

13.2 気候変動対策を、国の政策や戦略、計画に統合する。

13.3 気候変動の緩和策と適応策、影響の軽減、早期警戒に関する教育、啓発、人的能力、組織の対応能力を改善する。

13.a 重要な緩和行動と、その実施における透明性確保に関する開発途上国のニーズに対応するため、2020年までにあらゆる供給源から年間1,000億ドルを共同で調達するという目標への、国連気候変動枠組条約（UNFCCC）を締約した先進国によるコミットメントを実施し、可能な限り早く資本を投入して「緑の気候基金」の本格的な運用を開始する。

13.b 女性や若者、地域コミュニティや社会の主流から取り残されたコミュニティに焦点をあてることを含め、後発開発途上国や小島嶼開発途上国で、気候変動関連の効果的な計画策定・管理の能力を向上させるしくみを推進する。

* 国連気候変動枠組条約（UNFCCC）が、気候変動への世界的な対応について交渉を行う最優先の国際的政府間対話の場であると認識している。

目標14. 持続可能な開発のために、海洋や海洋資源を保全し持続可能な形で使用する

14.1 2025年までに、海洋堆積物や富栄養化を含め、特に陸上活動からの汚染による、あらゆる種類の海洋汚染を防ぎ大幅に減らす。

14.2 2020年までに、重大な悪影響を回避するため、レジリエンスを高めることなどによって海洋・沿岸の生態系を持続的な形で管理・保護する。また、

健全で豊かな海洋を実現するため、生態系の回復に向けた取り組みを行う。

14.3　あらゆるレベルでの科学的協力を強化するなどして、海洋酸性化の影響を最小限に抑え、その影響に対処する。

14.4　2020 年までに、漁獲を効果的に規制し、過剰漁業や違法・無報告・無規制（IUU）漁業、破壊的な漁業活動を終わらせ、科学的根拠にもとづいた管理計画を実施する。これにより、水産資源を、実現可能な最短期間で、少なくとも各資源の生物学的特性によって定められる最大持続生産量[*11]のレベルまで回復させる。

14.5　2020 年までに、国内法や国際法に従い、最大限入手可能な科学情報にもとづいて、沿岸域・海域の少なくとも 10％を保全する。

14.6　2020 年までに、過剰漁獲能力や過剰漁獲につながる特定の漁業補助金を禁止し、違法・無報告・無規制（IUU）漁業につながる補助金を完全になくし、同様の新たな補助金を導入しない。その際、開発途上国や後発開発途上国に対する適切で効果的な「特別かつ異なる待遇（S&D）」が、世界貿易機関（WTO）漁業補助金交渉の不可欠な要素であるべきだと認識する。

14.7　2030 年までに、漁業や水産養殖、観光業の持続可能な管理などを通じて、海洋資源の持続的な利用による小島嶼開発途上国や後発開発途上国の経済的便益を増やす。

14.a　海洋の健全性を改善し、海の生物多様性が、開発途上国、特に小島嶼開発途上国や後発開発途上国の開発にもたらす貢献を高めるために、「海洋技術の移転に関するユネスコ政府間海洋学委員会の基準・ガイドライン」を考慮しつつ、科学的知識を高め、研究能力を向上させ、海洋技術を移転する。

14.b　小規模で伝統的漁法の漁業者が、海洋資源を利用し市場に参入できるようにする。

14.c　「我々の求める未来」[*12]の第 158 パラグラフで想起されるように、海洋や海洋資源の保全と持続可能な利用のための法的枠組みを規定する「海洋法に関する国際連合条約（UNCLOS）」に反映されている国際法を施行することにより、海洋や海洋資源の保全と持続可能な利用を強化する。

目標15. 陸の生態系を保護・回復するとともに持続可能な利用を推進し、持続可能な森林管理を行い、砂漠化を食い止め、土地劣化を阻止・回復し、生物多様性の損失を止める

15.1 2020年までに、国際的合意にもとづく義務により、陸域・内陸淡水生態系とそのサービス[*13]、特に森林、湿地、山地、乾燥地の保全と回復、持続可能な利用を確実なものにする。

15.2 2020年までに、あらゆる種類の森林の持続可能な経営の実施を促進し、森林減少を止め、劣化した森林を回復させ、世界全体で新規植林と再植林を大幅に増やす。

15.3 2030年までに、砂漠化を食い止め、砂漠化や干ばつ、洪水の影響を受けた土地を含む劣化した土地と土壌を回復させ、土地劣化を引き起こさない世界の実現に尽力する。

15.4 2030年までに、持続可能な開発に不可欠な恩恵をもたらす能力を高めるため、生物多様性を含む山岳生態系の保全を確実に行う。

15.5 自然生息地の劣化を抑え、生物多様性の損失を止め、2020年までに絶滅危惧種を保護して絶滅を防ぐため、緊急かつ有効な対策を取る。

15.6 国際合意にもとづき、遺伝資源の利用から生じる利益の公正・公平な配分を促進し、遺伝資源を取得する適切な機会を得られるようにする。

15.7 保護の対象となっている動植物種の密猟や違法取引をなくすための緊急対策を実施し、違法な野生生物製品の需要と供給の両方に対処する。

15.8 2020年までに、外来種の侵入を防ぐとともに、これらの外来種が陸や海の生態系に及ぼす影響を大幅に減らすための対策を導入し、優占種[*14]を制御または一掃する。

15.9 2020年までに、生態系と生物多様性の価値を、国や地域の計画設定、開発プロセス、貧困削減のための戦略や会計に組み込む。

15.a 生物多様性および生態系の保全と持続的な利用のために、あらゆる資金源から資金を調達し大幅に増やす。

15.b 持続可能な森林管理に資金を提供するために、あらゆる供給源からあらゆるレベルで相当量の資金を調達し、保全や再植林を含む森林管理を推進するのに十分なインセンティブを開発途上国に与える。

15.c 地域コミュニティが持続的な生計機会を追求する能力を高めることなどに

より、保護種の密猟や違法な取引を食い止める取り組みへの世界規模の支援を強化する。

目標16. 持続可能な開発のための平和でだれをも受け入れる社会を促進し、すべての人々が司法を利用できるようにし、あらゆるレベルにおいて効果的で説明責任がありだれも排除しないしくみを構築する

16.1 すべての場所で、あらゆる形態の暴力と暴力関連の死亡率を大幅に減らす。

16.2 子どもに対する虐待、搾取、人身売買、あらゆる形態の暴力、そして子どもの拷問をなくす。

16.3 国および国際的なレベルでの法の支配を促進し、すべての人々が平等に司法を利用できるようにする。

16.4 2030 年までに、違法な資金の流れや武器の流通を大幅に減らし、奪われた財産の回収や返還を強化し、あらゆる形態の組織犯罪を根絶する。

16.5 あらゆる形態の汚職や贈賄を大幅に減らす。

16.6 あらゆるレベルにおいて、効果的で説明責任があり透明性の高いしくみを構築する。

16.7 あらゆるレベルにおいて、対応が迅速で、だれも排除しない、参加型・代議制の意思決定を保障する。

16.8 グローバル・ガバナンスのしくみへの開発途上国の参加を拡大・強化する。

16.9 2030 年までに、出生登録を含む法的な身分証明をすべての人々に提供する。

16.10 国内法規や国際協定に従い、だれもが情報を利用できるようにし、基本的自由を保護する。

16.a 暴力を防ぎ、テロリズムや犯罪に立ち向かうために、特に開発途上国で、あらゆるレベルでの能力向上のため、国際協力などを通じて関連する国家機関を強化する。

16.b 持続可能な開発のための差別的でない法律や政策を推進し施行する。

目標17. 実施手段を強化し、「持続可能な開発のためのグローバル・パートナーシップ」を活性化する

資金

17.1 税金・その他の歳入を徴収する国内の能力を向上させるため、開発途上国への国際支援などを通じて、国内の資金調達を強化する。

17.2 開発途上国に対する政府開発援助（ODA）を GNI 比 0.7%、後発開発途上国に対する ODA を GNI 比 0.15 〜 0.20％にするという目標を達成するとした多くの先進国による公約を含め、先進国は ODA に関する公約を完全に実施する。ODA 供与国は、少なくとも GNI 比 0.20％の ODA を後発開発途上国に供与するという目標の設定を検討するよう奨励される。

17.3 開発途上国のための追加的な資金を複数の財源から調達する。

17.4 必要に応じて、負債による資金調達、債務救済、債務再編などの促進を目的とした協調的な政策を通じ、開発途上国の長期的な債務の持続可能性の実現を支援し、債務リスクを軽減するために重債務貧困国（HIPC）の対外債務に対処する。

17.5 後発開発途上国のための投資促進枠組みを導入・実施する。

技術

17.6 科学技術イノベーション（STI）に関する南北協力や南南協力、地域的・国際的な三角協力、および科学技術イノベーションへのアクセスを強化する。国連レベルをはじめとする既存のメカニズム間の調整を改善することや、全世界的な技術促進メカニズムなどを通じて、相互に合意した条件で知識の共有を進める。

17.7 譲許的・特恵的条件を含め、相互に合意した有利な条件のもとで、開発途上国に対し、環境に配慮した技術の開発、転移、普及、拡散を促進する。

17.8 2017 年までに、後発開発途上国のための技術バンクや科学技術イノベーション能力構築メカニズムの本格的な運用を開始し、実現技術、特に情報通信技術（ICT）の活用を強化する。

能力構築

17.9 「持続可能な開発目標（SDGs）」をすべて実施するための国家計画を支援するために、南北協力、南南協力、三角協力などを通じて、開発途上国に

おける効果的で対象を絞った能力構築の実施に対する国際的な支援を強化する。

貿易

17.10　ドーハ・ラウンド（ドーハ開発アジェンダ＝DDA）の交渉結果などを通じ、世界貿易機関（WTO）のもと、普遍的でルールにもとづいた、オープンで差別的でない、公平な多角的貿易体制を推進する。

17.11　2020年までに世界の輸出に占める後発開発途上国のシェアを倍にすることを特に視野に入れて、開発途上国の輸出を大幅に増やす。

17.12　世界貿易機関（WTO）の決定に矛盾しない形で、後発開発途上国からの輸入に対する特恵的な原産地規則が、透明・簡略的で、市場アクセスの円滑化に寄与するものであると保障することなどにより、すべての後発開発途上国に対し、永続的な無税・無枠の市場アクセスをタイムリーに導入する。

システム上の課題

政策・制度的整合性

17.13　政策協調や首尾一貫した政策などを通じて、世界的なマクロ経済の安定性を高める。

17.14　持続可能な開発のための政策の一貫性を強める。

17.15　貧困解消と持続可能な開発のための政策を確立・実施するために、各国が政策を決定する余地と各国のリーダーシップを尊重する。

マルチステークホルダー・パートナーシップ

17.16　すべての国々、特に開発途上国において「持続可能な開発目標（SDGs）」の達成を支援するために、知識、専門的知見、技術、資金源を動員・共有するマルチステークホルダー・パートナーシップによって補完される、「持続可能な開発のためのグローバル・パートナーシップ」を強化する。

17.17　さまざまなパートナーシップの経験や資源戦略にもとづき、効果的な公的、官民、市民社会のパートナーシップを奨励し、推進する。

データ、モニタリング、説明責任

17.18 2020 年までに、所得、ジェンダー、年齢、人種、民族、在留資格、障害、地理的位置、各国事情に関連するその他の特性によって細分類された、質が高くタイムリーで信頼性のあるデータを大幅に入手しやすくするために、後発開発途上国や小島嶼開発途上国を含む開発途上国に対する能力構築の支援を強化する。

17.19 2030 年までに、持続可能な開発の進捗状況を測る、GDP を補完する尺度の開発に向けた既存の取り組みをさらに強化し、開発途上国における統計に関する能力構築を支援する。

（＊1） 極度の貧困の定義は、2015 年 10 月に 1 日 1.90 ドル未満に修正されている。

（＊2） 適正技術：技術が適用される国・地域の経済的・社会的・文化的な環境や条件、ニーズに合致した技術のこと。

（＊3） レジリエンス：回復力、立ち直る力、復元力、耐性、しなやかな強さなどを意味する。「レジリエント」は形容詞。

（＊4） ドーハ開発ラウンド：2001 年 11 月のドーハ閣僚会議で開始が決定された、世界貿易機関（WTO）発足後初となるラウンドのこと。閣僚会議の開催場所（カタールの首都ドーハ）にちなんで、「ドーハ・ラウンド」と呼ばれるが、正式には「ドーハ開発アジェンダ」と言う。

（＊5） デリバティブ：株式、債券、為替などの元になる金融商品（原資産）から派生して誕生した金融商品のこと。

（＊6） 顧みられない熱帯病：おもに熱帯地域で蔓延する寄生虫や細菌感染症のこと。

（＊7） ユニバーサル・ヘルス・カバレッジ（UHC）：すべての人々が基本的な保健サービスを必要なときに負担可能な費用で受けられること。

（＊8） エンパワーメント：1 人ひとりが、自らの意思で決定をし、状況を変革していく力を身につけること。

（＊9） エネルギーミックス：エネルギー（おもに電力）を生み出す際の、発生源となる石油、石炭、原子力、天然ガス、水力、地熱、太陽熱など一次エネルギーの組み合わせ、配分、構成比のこと。

（＊10） バリューチェーン：企業活動における業務の流れを、調達、製造、販売、保守などと機能単位に分類してとらえ、各機能単位が生み出す価値を分析して最大化にすることを目指す考え方。

（＊11）最大持続生産量：生物資源を減らすことなく得られる最大限の収穫のこと。おもにクジラを含む水産資源を対象に発展してきた資源管理概念。最大維持可能漁獲量とも言う。

（＊12）「我々の求める未来」：2012 年 6 月にブラジルのリオデジャネイロで開催された「国連持続可能な開発会議」（リオ +20）で採択された成果文書。「The Future We Want」。

（＊13）生態系サービス：生物・生態系に由来し、人間にとって利益となる機能のこと。

（＊14）優占種：生物群集で、量が特に多くて影響力が大きく、その群集の特徴を決定づけ代表する種。

（＊15）GNI：Gross National Income の頭文字を取ったもので、居住者が 1 年間に国内外から受け取った所得の合計のこと。国民総所得。

本書作成にあたり、多くの方々から貴重な対話（ダイアログ）とご協力を賜りました。
末筆にはなりましたが、心から感謝申し上げます。

【執筆者略歴】

奥野 アオイ（おくの あおい）

1991 年　関西学院大学卒業
1993 年　トロント大学大学院オンタリオ教育研究所教育社会学研究科
　　　　　修士課程修了（M.A.）、2005 年同大学院博士課程修了（Ed.D）
現在　　関西学院大学・高等部、大阪女学院大学・短期大学非常勤講師
著作　　「ジョン　P・ミラーの教育観と深い学び——アクティブ・ラーニ
　　　　　ングを再考する」『大阪女学院大学紀要』第 14 号、2018 年．他
共訳　　エドワード・R・カンダ／レオラ・ディラッド・ファーマン（著）
　　　　　木原活信／中川吉晴／藤井美和（監訳）『ソーシャルワークにお
　　　　　けるスピリチュアリティとは何か——人間の根源性にもとづく
　　　　　援助の核心』第 8 章、ミネルヴァ書房、2014 年．他

K. G. りぶれっと NO.53

「食」からの気づき
まなびの対話

2021 年 4 月 15 日 初版第一刷発行

著　者　奥野アオイ

発行者　田村和彦
発行所　関西学院大学出版会
所在地　〒 662-0891
　　　　兵庫県西宮市上ケ原一番町 1-155
電　話　0798-53-7002

印　刷　協和印刷株式会社

関西学院大学出版会「K・G・りぶれっと」発刊のことば

大学はいうまでもなく、時代の申し子である。

その意味で、大学が生き生きとした活力をいつももっていてほしいというのは、大学を構成するもの達だけではなく、広く一般社会の願いである。

研究、対話の成果である大学内の知的活動を広く社会に評価の場を求める行為が、社会へのさまざまなメッセージとなり、大学の活力のおおきな源泉になりうると信じている。

遅まきながら関西学院大学出版会を立ち上げたのもその一助になりたいためである。

ここに、広く学院内外に執筆者を求め、講義、ゼミ、実習その他授業全般に関する補助教材、あるいは現代社会の諸問題を新たな切り口から解剖した論評などを、できるだけ平易に、かつさまざまな形式によって提供する場を設けることにした。

一冊、四万字を目安として発信されたものが、読み手を通して〈教え―学ぶ〉活動を活性化させ、社会の問題提起となり、時に読み手から発信者への反応を受けて、書き手が応答するなど「知」の活性化の場となることを期待している。

多くの方々が相互行為としての「大学」をめざして、この場に参加されることを願っている。

二〇〇〇年　四月